# 간이과세자의 부가가치세 이해

# 간이과세자의 부가가치세 이해

저자 **박경윤**

# 머리말

 이 책의 저자는 공인중개사사무소를 창업하고 운영하면서 간이과세자로서 겪은 현장의 경험과 법을 전공하면서 수강했던 「부가가치세법」, 「소득세법」, 「법인세법」 등 여러 가지 세법에 관한 배경지식 등을 바탕으로 간이과세자 및 간이과세자와 거래하는 일반과세자인 개인사업자와 법인사업자 그리고 소비자 등의 부가가치세 이해를 돕기 위하여 이 책을 출판한다.

 **이 책에서는 사업자가 물건 등을 판매하고 소비자 등으로부터 부가가치세를 받은 경우 소비자 등을 '거래상대방'이라 한다.**

 부가가치세는 세금이다.
 부가가치세 부담자는 소비자다. 사업자는 부가가치세 부담자가 아니다.
 부가가치세는 소비자가 사업자에게 지급하고 사업자가 세무서에 납부하는 세금이다. 즉, 부가가치세는 소비자가 부담하고 소비자로부터 부가가치세를 받은 사업자가 세무서에 납부한다.

 예를 들어 소비자가 문구점에서 볼펜을 구입하고 문구점 사업자에게 1,100원을 지급하였을 경우 공급가액은 1,000원이고 부가가치세는 100원이다. 이 경우, 소비자는 부가가치세 100원을 문구점 사업자에게 지급하고 문구점 사업자는 소비자로부터 받은 부가가치세 100원을 세무서에 납부한다. 여기서 부가가치세 100원은 소비자가 부담하고 사업자는 납세의무자로서 소비자로부터 받은 부가가치세 100원을 세무서에 납부한다.

실제로 일상생활에서는 물건 등을 팔고 사는 거래를 하고 계산할 때 합계금액에 부가가치세가 자동으로 포함되기 때문에 부가가치세를 별도로 생각하지 않고 합계금액을 결제한다.

위와 같이 물건 등을 팔고 사는 거래를 하고 계산할 때 합계금액에 부가가치세는 자동으로 포함되기 때문에 거래상대방이 사업자에게 부가가치세를 알고 지급했든(영수증 또는 세금계산서에 부가가치세가 별도로 표기된 경우) 부가가치세를 모르고 지급했든(영수증 또는 세금계산서에 부가가치세가 별도로 표기가 안 된 경우) 관계없이 합계금액에는 당연히 부가가치세가 포함되어 있는 것으로 보아「부가가치세법」에서 정한 부가가치세 과세대상을 거래한 경우에는 세무서는 사업자가 거래상대방으로부터 당연히 부가가치세를 지급받은 것으로 간주하여 부가가치세 납세의무자인 사업자에게 부가가치세를 징수한다.(「부가가치세법」제29조 제7항)

한편,「부가가치세법」을 잘 모르는 사업자와 소비자는, 간이과세자는 일반과세자와 동일하게 거래상대방으로부터 부가가치세 10퍼센트를 받아야 한다고 주장하는 사람이 있는 반면에 거래상대방으로부터 받은 부가가치세를 세무서에 납부하는 일반과세자와 달리 거래상대방으로부터 받은 부가가치세를 세무서에 납부하지 않는 간이과세자는 거래상대방으로부터 부가가치세 10퍼센트를 받으면 안 된다고 주장하는 사람이 있는 등 간이과세자는 거래상대방으로부터 부가가치세 10퍼센트를 받아야 하는 것인지 부가가치세 10퍼센트를 받지 않아야 하는 것인지 도무지 헷갈려서 잘 알 수 없다고 한다.

1. 일반과세자는 거래상대방으로부터 받은 부가가치를 세무서에 납부한다.

2. 부가가치세는 사업자가 거래상대방으로부터 받아 세무서에 납부하는 세금인데 부가가치세 납부의무 면제 간이과세자는 거래상대방으로부터 받은 부가가치세는 세무서에 납부하지 않고 간이과세자의 소득이 된다는 이유로 납부의무 면제 간이과세자는 거래상대방으로부터 부가가치세를 받으면 안 된다고 주장한다.

3. 또 거래상대방으로부터 받은 부가가치세 10퍼센트 중에서 4퍼센트 이내의 금액을 세무서에 납부하는 간이과세자는 부가가치세 10퍼센트 중에서 부가가치세 6퍼센트를 납부하지 않고 간이과세자의 소득이 된다는 이유로 거래상대방으로부터 4퍼센트 이내의 부가가치세만 받아야 한다고 주장한다.

4. 「부가가치세법」 제7장 제63조 제1항 간이과세자는 "제4장부터 제6장까지의 규정에도 불구하고 이 장의 적용을 받는다."라는 규정을 이유로 간이과세자는 제4장에 규정되어 있는 제30조(세율) 및 제31조(거래징수) 규정을 적용받지 않고 제7장 간이과세 규정만 적용받는다고 주장하면서 납부의무 면제 간이과세자는 세무서에 부가가치세를 납부하지 않으므로 거래상대방으로부터 부가가치세를 받으면 안 된다고 주장하고 납부세액 계산에서 4퍼센트 이내의 부가가치세를 세무서에 납부하는 간이과세자는 거래상대방으로부터 4퍼센트 이내의 부가가치세를 받아야 한다고 주장한다.

5. 부가가치세는 소비자가 부담하고 사업자는 부담하지 않는 세금이므로 사업자와 다른 사업자 사이에 사업을 목적으로 거래하는 경우에는 사업자가 다른 사업자에게 지급한 부가가치세는 부가가치세 납부세액 계산에서 매입세액으로 공제받거나 환급세액이 있으면 환급세액을 반환받는 방법으로 다시 사업자가 반환받는다.

5-1. 일반과세자는 다른 일반과세자에게 지급한 부가가치세는 「부가가치세법」에 따라 부가가치세 납부세액 계산에서 매입세액으로 공제받거나 환급세액이 있는 경우 세무서로부터 반환받는다. 즉, 일반과세자는 다른 일반과세자에게 지급한 부가가치세는 전액 다시 반환받는다.

5-2. 그러나 일반과세자는 부가가치세 납부의무 면제 간이과세자에게 지급한 부가가치세는 「부가가치세법」에 따른 부가가치세 납부세액 계산에서 매입세액으로 공제받지 못하고 환급받지 못한다. 즉, 일반과세자는 납부의무 면제 간이과세자에게 지급한 부가가치세는 다시 반환받지 못한다.

6. 이렇게 일반과세자는 부가가치세 납부의무 면제 간이과세자에게 지급한 부가가치세는 「부가가치세법」에 따른 부가가치세 납부세액 계산에서 매입세액으로 공제받지 못하고 반환받지 못한다는 이유로 부가가치세 납부의무 면제 간이과세자는 부가가치세를 받으면 안 된다고 주장한다.

7. 2020년에는 1년 공급대가 합계액이 3,000만 원에 미달하는 납부의무 면제 간이과세자와 3,000만 원 이상부터 4,800만 원에 미달하고 3퍼센트 이내의 금액을 부가가치세로 납부하는 간이과세자로 구분하였다.

이때는 납부의무 면제 간이과세자와 3,000만 원 이상부터 4,800만 원에 미달하는 구간에 해당하는 간이과세자 모두 세금계산서를 발급할 자격이 없었으므로 간이과세자는 모두 거래상대방으로부터 부가가치세 10퍼센트를 받으면 안 된다고 주장하였다.

위에서 살펴본 바와 같이 여러 가지 이유로 간이과세자는 부가가치세 10퍼센트를 받으면 안 된다는 주장에 대하여 저자인 박경윤 공인중개사는 본인이 잘 알고 있는 공인중개사사무소의 창업과 운영에 따른 현장의 경험과 법을 전공하면서 수강했던 「부가가치세법」, 「소득세법」, 「법인세법」 등 여러 가지 세법에 관한 배경지식 등을 바탕으로 간이과세자는 거래상대방으로부터 부가가치세 10퍼센트를 받아야 하는 이유를 설명하고자 한다.

2025년 7월 7일
저자 박경윤

## 목차

머리말 · 5

## 제1장
# 간이과세자 관련 부가가치세 용어 등에 대한 이해 · 21

## 01. 부가가치세의 두 가지 이름 · 22

## 02. 이 책에서 사용하는 부가가치세 관련 용어 · 24

1) 부가가치세 · 24
2) 사업자 · 24
3) 다른 사업자 · 25
4) 거래상대방 · 25
5) 매출세액(사업자가 거래상대방으로부터 받은 부가가치세) · 25
6) 매입세액(사업자가 다른 사업자에게 지급한 부가가치세) · 25
7) 공제 · 26
8) 매입세액 공제 · 26

|  |  |
|---|---|
| 9) 환급세액 | • 28 |
| 10) 세율 | • 29 |
| 11) 공급대가 | • 29 |
| 12) 부가가치율 | • 30 |
| 13) 납부(환급)세액 | • 30 |
| 14) 납부세액 | • 30 |
| 15) 상계 | • 31 |
| 16) 세액공제 | • 31 |
| 17) 환급세액 | • 31 |
| 18) 차가감 납부(환급)세액 | • 31 |
| 19) 최종 납부세액 | • 31 |
| 20) 초과하는 부분은 없는 것으로 본다 | • 32 |

## 03. 이 책에서 사용하는 용어 관련 규정 • 33

|  |  |
|---|---|
| 1) 매출세액과 매입세액 관련 「부가가치세법」 규정 | • 33 |
| 2) 부가가치세 납부세액 계산을 왜 하는가? | • 33 |
| 3) 제31조(거래징수) 규정에 따라 받은 부가가치세에 대하여 일반과세자가 적용받는 납부세액 계산 규정 | • 34 |
| 4) 제31조(거래징수) 규정에 따라 받은 부가가치세에 대하여 간이과세자가 적용받는 납부세액 계산 규정 | • 35 |
| 5) 공급대가에 부가가치세가 포함되어 있다고 말하는 규정 | • 37 |
| 6) 일반과세자가 적용받는 매입세액 공제 규정 | • 38 |
| 7) 간이과세자가 적용받는 매입세액 공제 규정 | • 39 |
| 8) 일반과세자가 적용받는 환급세액 조기 반환 규정 | • 39 |

9) 간이과세자가 적용받는 환급세액 반환 불가 규정 • 40

10) 간이과세자와 일반과세자가 공통으로 적용받는 제4장
    세액공제 규정 • 40

　　(1) 「부가가치세법」 제46조(신용카드등의 사용에 따른 세액공제 등) • 40

11) 전자신고 등에 대한 세액공제 규정 • 42

12) 과세기간 • 42

## 04. 사업자등록을 신청하기 전에 지급한 부가가치세, 매입세액 • 44

1) 사업자등록 신청하기 전 • 44

　　(1) 사업장 구하기 • 44

　　(2) 사업장 꾸미기 • 44

　　(3) 매입세액에 대한 공제 및 환급세액 • 45

　　(4) 위 내용과 관련된 법령 • 45

## 05. 사업자등록을 신청한 후 지급한 부가가치세, 매입세액 • 47

## 06. 사업자가 사업장을 운영하면서 중간에 사업장을 다시 꾸미는 경우 • 48

## 07. 사업자등록의 자유로운 선택 • 49

## 08. 과세유형의 변경통지와 부가가치세 • 50

1) 간이과세자에서 일반과세자로 과세유형이 변경되는 경우 • 50

2) 일반과세자에서 간이과세자로 과세유형이 변경되는 경우 • 50

**09.** 공급대가와 공급가액과 부가가치세 · 52

**10.** 「부가가치세법」 제31조, 제29조 제1항, 제30조 규정 · 54

**11.** 납부세액 계산 관련 제37조와 제63조 규정 · 55

**12.** 일반과세자와 간이과세자가 공통으로 적용받는
제4장 영수증 규정 · 58

**13.** 일반과세자와 간이과세자가 공통으로 적용받는
제4장 세액공제 규정 · 60

## 제2장

# 일반과세자와 간이과세자의 납부세액 계산의 이해 · 63

## 14. 간이과세자가 부가가치세 10퍼센트를 받아야 하는 몇 가지 예시 · 64

   1) 납부세액 계산 방법 · 64

   2) 창업 및 운영에 따른 매입세액과 매출세액 · 65

   3) 위의 예시에 따라 7월 1일부터 12월 31까지의 과세기간을 적용하여 다음해 1월 25일에 일반과세자·간이과세자의 납부세액을 계산하는 경우 · 67

      (1) 일반과세자의 납부세액 계산 · 67

      (2) 간이과세자의 납부세액 계산 · 68

      (3) 일반과세자의 계산 순서에 따른 이해 · 70

      (4) 간이과세자의 납부세액 계산 결과에 대한 이해 · 70

      (5) 간이과세자와 일반과세자의 납부세액 계산 결과 비교 · 71

   4) 위와 같이 납부세액을 계산한 이후, 1년 동안 운영하고 두 번째 납부세액을 계산하는 경우 · 73

      (1) 일반과세자의 납부세액 계산 · 74

      (2) 간이과세자의 납부세액 계산 · 75

      (3) 2년 차, 3년 차의 납부세액 계산 결과 · 76

   5) 3년 동안 사업장을 운영하면서 중간에 인테리어 공사 등을 하는 경우 · 79

      (1) 일반과세자의 납부세액 계산 · 81

      (2) 간이과세자의 납부세액 계산 · 82

      (3) 일반과세자와 간이과세자의 납부세액 계산 결과 비교 · 83

# 제3장

## 「부가가치세법」, 「법인세법」, 「소득세법」 등 관련 규정 · 85

### 15. 간이과세자에 대한 환급불가 규정 · 86

### 16. 일반과세자에 대한 조기 환급 규정 · 88

### 17. 간이과세자에 대한 납부의무의 면제 규정 · 89

### 18. 간이과세자 납부세액 계산 규정 · 90

### 19. 「부가가치세법」에서 정한 거래징수 및 세율 및 공급가액 규정 · 91

   1) 거래징수 규정 · 91
   2) 세율 규정 · 93
   3) 공급가액 규정 · 93

### 20. 「부가가치세법」에서 정한 공급대가의 개념 규정 · 95

   1) 제63조 제7항의 공급대가 개념 · 95
   2) 제63조 제3항 제1호의 공급대가 개념 · 96
   3) 「부가가치세법」 제2조 제4호 공급대가 개념 · 96

**21.** 사업자, 간이과세자, 일반과세자, 과세사업의 정의 규정 • 98

**22.** 「부가가치세법」에서 정한 과세기간의 종류 • 99

**23.** 「부가가치세법」 제7장 제61조 제1항에서 정한
　　　간이과세자 적용 범위의 의미 • 100

**24.** 제7장에서 제61조 제1항에서 정한 간이과세자가
　　　적용받는 제4장 영수증 규정 • 104

**25.** 제7장 제61조 제1항에서 정한 간이과세자가
　　　적용받는 제4장 세액공제 규정 • 106

**26.** 영수증의 서식 고시 • 108

**27.** 「부가가치세법 시행령」 제111조 제1항의
　　　공급가액을 공급대가로 보는 이유 • 111

　　1) 「부가가치세법 시행령」 제111조 제1항 • 111
　　2) 공급가액을 공급대가로 보는 8가지 규정 • 111

**28.** 공급가액을 공급대가로 보는
　　　부동산 임대용역의 공급가액 계산 • 113

**29.** 부동산 임대용역의 공급가액 계산 규정 • 116

**30.** 간이과세자와 일반과세자의 종류 및
사업소득세 및 법인세 · 119

**31.** 사업소득세 계산에서의 부가가치세 신고서의
과세표준 합계금액 · 120

**32.** 법인세 계산 및 사업소득세 계산에서 공제받는
부가가치세(매입세액) · 122

**33.** 법인사업자가 납부의무 면제 간이과세자에게 지급한
부가가치세(매입세액) 공제 관련 「법인세법」,
시행령, 시행규칙 및 「부가가치세법」 규정과
법인세 계산식에서 손금으로 공제받는 구간 · 123

   1) 「법인세법」 · 123
   2) 「법인세법 시행령(대통령령)」 · 124
   3) 「법인세법 시행규칙(기획재정부령)」 · 124
   4) 「부가가치세법」 규정 · 124
   5) 법인세 계산식에서 부가가치세 납부의무 면제 간이과세자에게
      지급한 부가가치세를 손금으로 인정되어 공제받는 구간 · 126

**34.** 일반과세자 개인사업자가 납부의무 면제 간이과세자에게
지급한 부가가치세(매입세액) 공제 관련 「소득세법」,
시행령, 시행규칙 및 「부가가치세법」 규정과 소득세
계산식에서 필요경비로 공제받는 구간 · 127

1) 「소득세법」 · 127
2) 「소득세법 시행령(대통령령)」 · 128
3) 「소득세법 시행규칙(기획재정부령)」 · 128
4) 「부가가치세법」 · 128
5) 소득세 계산식에서 부가가치세 납부의무 면제 간이과세자에게 지급한 부가가치세를 필요경비로 인정되어 공제받는 구간 · 130

## 35. 간이과세자는 부가가치세 소득에 대하여 소득세를 부담한다 · 131

## 36. 사업자가 발급한 현금영수증에 대한 세액공제 관련 「부가가치세법」 규정 · 132

## 37. 근로자의 근로소득금액에서 공제하는 현금영수증 관련 「조세특례제한법」 규정 · 133

## 38. 간이과세자와 일반과세자에게 공통으로 적용되는 세액공제 규정 및 해석 · 135

1) 「부가가치세법」에서 정한 신용카드 등의 사용에 따른 세액공제 · 135
2) 「조세특례제한법」에서 정한 전자신고 등에 대한 세액공제 · 137

# 제4장

## 일반과세자와 간이과세자의 납부세액 계산 결과 · 139

### 39. 창업하고 6개월, 1년, 2년, 3년 이내에 폐업하는 일반과세자·간이과세자 · 140

### 40. 예시로 살펴본 일반과세자와 간이과세자의 납부세액 계산 이해 · 142

   1) 예시 1 · **142**
      (1) 일반과세자의 경우 · 143
      (2) 간이과세자의 경우 · 143
   2) 예시 2 · **144**
      (1) 1년 공급대가 합계액이 4,800만 원에 미달하는 경우 · 145
      (2) 1년 공급대가 합계액이 4,800만 원 이상이고 1억 400만 원에 미달하는 경우 · 168

### 41. 결론 · 178

## 제1장

# 간이과세자 관련 부가가치세 용어 등에 대한 이해

# 01. 부가가치세의 두 가지 이름

부가가치세는 매출세액과 매입세액 두 가지 이름이 있다.

부가가치세는 부가가치세 납부세액 계산에서 매출세액과 매입세액 두 가지 이름으로 사용된다.

사업자가 물건 등을 판매하고 거래상대방으로부터 받은 부가가치세를 매출세액이라고 한다.

사업자가 사업을 목적으로 물건 등을 구매하고 다른 사업자에게 지급한 부가가치세를 매입세액이라고 한다.

특히 사업자가 사업을 목적으로 물건 등을 구매하고 다른 사업자에게 지급한 부가가치세, 매입세액은 부가가치세 납부세액 계산에서 공제받거나 세무서로부터 다시 반환받는 부가가치세로 매우 중요하다.

일반적으로 일상생활에서는 물건 등을 팔고 사는 거래를 하고 계산할 때 합계금액에 부가가치세는 자동으로 포함되기 때문에 부가가치세를 별도로 생각하지 않고 합계금액을 결제한다.

즉, 합계금액에는 당연히 부가가치세가 포함되어 있다고 생각하고 합계금액을 결제한다.

또한 세무사에게 부가가치세 신고와 납부세액 계산을 위임하는 사업자는 매출세액이나 매입세액보다 세무서에 납부하는 부가가치세인 납부세액이나 세무서로부터 반환받는 환급세액에 더 관심이 많다.

즉, 사업자는 세무서에 부가가치세를 얼마를 납부하는지 또는 세무서로부터 부가가치세를 얼마를 반환받는지에 더 관심이 많다.

그래서 사업자가 부가가치세 납부세액 계산에서 사용하는 부가가치세의 다른 이름인 매출세액이나 매입세액 등의 용어가 세무 전문가가 아닌 일반인에게는 낯설기만 하고 이해가 잘 안될 수도 있다.

부가가치세 납부세액 계산이 복잡하여 부가가치세 신고와 납부세액 계산을 세무사에게 위임하는 사업자 등 부가가치세 납부세액 계산에 대하여 잘 모르는 사업자와 일반인은 부가가치세는 소비자가 부담하여 사업자에게 지급하고 사업자는 소비자에게 받은 부가가치세를 세무서에 납부한다는 단순한 내용을 바탕으로 일반과세자는 거래상대방으로부터 받은 부가가치세를 세무서에 납부하므로 당연히 거래상대방으로부터 부가가치세를 받아야 한다고 주장하고 납부의무 면제 간이과세자는 세무서에 부가가치세를 납부하지 않으므로 거래상대방으로부터 부가가치세를 받으면 안 된다고 주장한다.

또 납부세액으로 4퍼센트 이내의 부가가치세를 세무서에 납부하는 간이과세자는 거래상대방으로부터 4퍼센트 이내의 부가가치세만 받아야 한다고 주장한다.

그러나 위와 같은 여러 가지 이유를 근거로 간이과세자는 부가가치세를 받으면 안 된다고 주장하거나 4퍼센트 이내의 부가가치세만 받아야 한다는 주장은 부가가치세 납부세액 계산에 대하여 자세히 알지 못한 오해에서 비롯된 것이다.

# 02. 이 책에서 사용하는 부가가치세 관련 용어

이 책에서는 부가가치세를 매출세액 또는 매입세액이라고 한다.

사업자가 거래상대방으로부터 받은 부가가치세는 매출세액이라고 하고 사업자가 다른 사업자에게 지급한 부가가치세는 매입세액이라고 한다.

특히 이 책에서는 사업자가 다른 사업자에게 지급한 부가가치세, 즉 매입세액이 가장 중요하다.

사업자가 다른 사업자에게 지급한 부가가치세, 즉 매입세액이 중요한 이유는 부가가치세 납부세액 계산에서 매입세액 공제를 받느냐 매입세액 공제를 받지 못하느냐에 따라 매입세액이 국가에 귀속이 되느냐 안 되느냐가 결정되고 매입세액이 국가에 귀속이 된다는 것은 국가에 귀속이 되는 금액만큼의 매입세액을 사업자는 소비자처럼 본인의 돈을 부가가치세로 부담하고 세무서에 납부한다는 의미를 갖기 때문이다.

## 1) 부가가치세

이 책에서 말하는 부가가치세란 사업자가 물건 등을 판매하고 거래상대방으로부터 받은 부가가치세, 매출세액과 사업자가 사업을 목적으로 물건 등을 구매하고 다른 사업자에게 지급한 부가가치세, 매입세액을 말한다.

한편 부가가치세 세율은 10퍼센트 단일세율 한 가지이므로 '부가가치세'라고 표현할 때 부가가치세 세율 10퍼센트는 자동으로 '부가가치세' 용어에 포함되어 있다.

## 2) 사업자

이 책에서 말하는 사업자는 간이과세자 또는 일반과세자이다.

간이과세자는 개인사업자 한 가지다.

일반과세자는 개인사업자와 법인사업자 두 가지다.

### 3) 다른 사업자

이 책에서는 사업자와 사업을 목적으로 거래하는 인테리어사업자, 간판사업자, 임대사업자, 한국전력공사, 통신사업자, 광고사업자, 경비사업자 등을 다른 사업자라고 한다.

이 책에서는 사업자가 사업을 목적으로 물건 등을 구매하고 다른 사업자에게 지급한 부가가치세를 매입세액이라고 한다.

### 4) 거래상대방

이 책에서는 사업자가 물건 등을 판매하고 소비자 등으로부터 부가가치세를 받은 경우 '소비자 등'을 '거래상대방'이라 한다.

### 5) 매출세액(사업자가 거래상대방으로부터 받은 부가가치세)

매출세액이란 「부가가치세법」 제31조(거래징수) 규정에 따라 사업자가 거래상대방으로부터 받은 부가가치세를 말한다.

예를 들어 문구점을 운영하는 사업자가 볼펜을 판매하고 거래상대방으로부터 받은 부가가치세가 바로 매출세액이다.

이 경우 사업자가 거래상대방으로부터 받은 부가가치세는 사업자가 세무서에 납부한다.

다만, 간이과세자의 경우에는 거래상대방으로부터 받은 부가가치세는 세무서에 납부하지 않고 간이과세자의 소득이 되거나, 4퍼센트 이내의 부가가치세를 세무서에 납부하고 나머지 6퍼센트 이상의 부가가치세는 간이과세자의 소득이 된다.

### 6) 매입세액(사업자가 다른 사업자에게 지급한 부가가치세)

이 책에서 가장 중요한 부가가치세는 매입세액이다.

매입세액이란 「부가가치세법」 제31조(거래징수) 규정에 따라 사업자가 사업을 목적으로 물건 등을 구매하고 다른 사업자에게 지급한 부가가치세를 말한다.

예를 들어 문구점을 운영하는 사업자가 사업을 목적으로 볼펜을 구매하고 다른 사업자에게 지급한 부가가치세가 바로 매입세액이다.

이때 문구점을 운영하는 사업자가 일반과세자인 경우, 일반과세자는 다른 사업자에게 지급한 부가가치세, 즉 매입세액은 납부세액 계산에서 공제받거나 환급받는 방법으로 사업자가 다시 반환받는다.

그러나 문구점을 운영하는 사업자가 간이과세자인 경우, 간이과세자는 다른 사업자에게 지급한 부가가치세, 즉 매입세액은 납부세액 계산에서 일부 공제를 받을 수 있지만 환급 불가 규정에 따라 환급세액이 있어도 반환받지 못한다.

사업자가 부가가치세 납부세액 계산에서 공제받는 매입세액에는 두 가지가 있다.

첫 번째 매입세액은 사업자등록을 신청하기 전에 창업 준비 과정에서 사업장 인테리어 공사, 간판 설치 등의 비용으로 인테리어사업자, 간판사업자 등 다른 사업자에게 지급하는 부가가치세, 매입세액이 있고, 두 번째 매입세액은 사업자등록을 신청한 후에 사업장을 운영하면서 임대료, 전기요금, 통신비용, 광고비용, 경비비용 등으로 임대사업자, 한국전력공사 등 다른 사업자에게 지급하는 부가가치세, 매입세액이 있다.

### 7) 공제

이 책에서 공제는 뺄셈을 의미한다.

### 8) 매입세액 공제

일반과세자는 부가가치세 납부세액 계산에서 다른 사업자에게 지급한 부가가치세, 매입세액은 그대로 직접적으로 매입세액 공제를 받는다.

매출세액 - 매입세액 = 납부(환급)세액

그러나 간이과세자는 직전 1년 공급대가 합계액에 부가가치율을 곱하고 세율을 곱하여 간접적으로 공제받고 이어서 「부가가치세법」 제63조 제3항 제1호에 따라 해당 과세기간에 세금계산서등을 발급받은 재화와 용역의 공급대가에 0.5퍼센트를 곱한 금액을 매입세액으로 공제받는다.

직전 1년 공급대가 합계액 × 부가가치율 × 세율 = 납부세액 - 해당 과세기간에 세금계산서등을 발급받은 재화와 용역의 공급대가에 0.5퍼센트를 곱한 금액

예를 들어 사업자가 물건 등을 구매하고 다른 사업자에게 지급한 부가가치세, 매입세액이 3만 원이고, 물건 등을 판매하고 거래상대방으로부터 받은 부가가치세, 매출세액이 3만 원이면 일반과세자는 다른 사업자에게 지급한 부가가치세 3만 원, 즉 매입세액 3만 원은 거래상대방으로부터 받은 부가가치세 매출세액 3만 원에서 매입세액 3만 원을 공제하여 직접적으로 공제받는다.

또 일반과세자는 매입세액을 공제한 결과 음수일 경우에는 환급세액으로 반환받는다.

매출세액 - 매입세액 = 납부(환급)세액

매입세액이든 매출세액이든 부가가치세가 3만 원이면, 공급가액은 30만 원이고 공급대가는 33만 원이다.

위의 경우 간이과세자는 '부가가치율이 40퍼센트'라고 할 때, 간이과세자의 납부세액 계산은 공급대가 33만 원 × 부가가치율 40% × 세율 10% = 13,200원(납부세액)이다.

위 납부세액 계산에서 간이과세자는 다른 사업자에게 지급한 부가가치세, 매입세액 3만 원 중에서 16,800원(30,000원 - 13,200원)을 공제받은 후 이어서 해당 과세기간에 세금계산서등을 발급받은 재화와 용역의 공급대가에 0.5퍼센트를 곱한 금액, 즉 해당 과세기간에 세금계산서등을 발급받은 재화와 용역의 공급대가 33만 원 × 0.5% = 1,650원을 매입세액으로 공제받아 결국 간이과세자는 다른 사업자에게 지급한 부가가치세, 매입세액 3만 원 중에서 18,450원(16,800원 + 1,650원)을 간접적으로 매입세액 공제를 받는다.

간이과세자는 납부세액 계산 결과 음수일 경우 음수는 없는 것으로 보아, 즉 영으로 취급하여 환급세액이 있어도 반환받지 못하고 국가에 귀속된다.

결국 사업자가 다른 사업자에게 지급한 부가가치세 3만 원 중에서 일반과세자는 매입세액 3만 원 전부를 직접적으로 공제받거나 환급세액이 있는 경우 환급세액으로 반환받는다.

그러나 간이과세자는 매입세액 3만 원 중에서 18,450원을 간접적으로 공제받는 것처럼 보이지만, 실제로는 납부의무 면제 간이과세자는 매입세액을 전혀 공제받지 못하고 국가에 귀속된다. 다만, 거래상대방으로부터 받은 부가가치세는 간이과세자의 소득이 된다.

간이과세자는 납부세액 계산 결과 환급세액이 있는 경우에도 환급세액은 없는 것으로 보아, 즉 환급세액은 영으로 취급하여 전혀 반환받지 못하고 환급세액은 국가에 귀속된다.

위에서 살펴본 바와 같이 사업자가 다른 사업자에게 지급한 부가가치세, 매입세액에 대하여 일반과세자는 직접적으로 매입세액을 공제받고 환급세액이 있는 경우에 환급세액을 반환받아 국가에 귀속되는 부가가치세는 전혀 없다.

그러나 간이과세자는 간접적으로 일부를 공제받고 환급세액이 있는 경우에도 전혀 반환받지 못하고 간이과세자가 반환받지 못한 부가가치세는 국가에 귀속된다.
간이과세자는 다른 사업자에게 지급한 부가가치세는 반환받지 못하고 국가에 귀속되어 결과적으로 간이과세자는 본인의 돈을 세무서에 부가가치세로 납부하게 된다.

### 9) 환급세액

납부세액 계산 결과 음수일 경우 환급세액이라고 한다.
매출세액 - 매입세액 = -납부세액은 음수 납부세액으로 환급세액이라고 한다.
간이과세자나 일반과세자 모두 납부세액 계산 결과 음수가 되어 환급세액이 있는 경우, 간이과세자는 음수를 없는 것으로 보아, 즉 음수를 영으로 취급하여 환급세액을 반환받지 못한다.
그러나 일반과세자는 환급세액이 있는 경우 전부 반환받는다.

납부세액 계산에서 매입세액 공제를 받을 수 있느냐 없느냐 또는 환급세액이 있는 경우, 환급세액을 반환받을 수 있느냐 없느냐의 차이는 매우 중요하다.

사업자가 다른 사업자에게 지급한 부가가치세, 매입세액을 반환받는다는 것은 사업자는 본인의 돈으로는 부가가치세를 전혀 부담하지 않는다는 것이다.

그러나 사업자가 다른 사업자에게 지급한 부가가치세, 매입세액을 반환받지 못한다는 것은 사업자 본인의 돈으로 부가가치세를 부담한다는 것이다.

부가가치세는 최종 소비자가 부담하고 사업자는 부가가치세를 부담하지 않기 때문에 사업자가 다른 사업자에게 지급한 부가가치세는 사업자가 다시 반환받는다.

그런데 사업자는 다른 사업자에게 지급한 부가가치세를 반환받지 못하고 국가에 귀속되는 경우가 있다.

사업자가 다른 사업자에게 지급한 부가가치세를 반환받지 못하고 국가에 귀속이 된 경우에는 사업자는 소비자처럼 본인의 돈으로 부가가치세를 부담하게 되는 것이다.

간이과세자가 다른 사업자에게 지급한 부가가치세를 반환받지 못하고 국가에 귀속이 된 경우에는 간이과세자는 소비자처럼 본인의 돈으로 부가가치세를 부담하게 된다.

부가가치세는 최종 소비자가 부담하는 세금인데 사업자인 간이과세자는 소비자처럼 본인의 돈으로 부가가치세를 부담하는 경우가 있다.

일반과세자는 본인의 돈으로 부가가치세를 부담하지 않는다.

### 10) 세율

부가가치세 세율은 10퍼센트 단일세율이다.

위 규정에서 부가가치세는 세율 10퍼센트 한 가지라고 명백하게 규정하고 있다. 즉, '부가가치세'는 자동으로 세율 10퍼센트가 포함된 세금을 말한다.

### 11) 공급대가

공급대가는 부가가치세가 포함된 대가이다.

즉, 공급대가 = 공급가액 + 부가가치세

부가가치세는 세율 10퍼센트가 포함된 세금이다.

공급대가는 공급가액에 부가가치세를 더한 금액이다.

예를 들어 문구점 사업자가 볼펜을 판매하고 거래상대방으로부터 받은 금액이 1,100원이면 공급가액은 1,000원이고 부가가치세는 100원이다.

여기서 공급대가는 부가가치세가 포함된 대가이므로 거래상대방에게 볼펜을 판매하고 받은 금액 1,100원이 공급대가이다.

### 12) 부가가치율

이 책에서 말하는 부가가치율은 「부가가치세법 시행령」 제111조 제2항에서 정한 부가가치율을 말한다.

「부가가치세법 시행령」 제111조 제2항 제5호 규정에서 정한 부동산 관련 서비스업 부가가치율은 40퍼센트이다.

「부가가치세법 시행령」 제111조 제2항 제5호 규정에 따라 공인중개사의 부동산중개업 관련 부가가치율은 40퍼센트이다.

### 13) 납부(환급)세액

이 책에서 말하는 납부(환급)세액이란 일반과세자의 납부세액 계산 규정에 따라 매출세액에서 매입세액을 공제하고 남은 금액이 양수일 경우에는 납부세액이라고 말하고, 음수일 경우에는 환급세액이라고 한다.

매출세액 - 매입세액 = 납부(환급)세액

### 14) 납부세액

이 책에서 말하는 납부세액이란 직전 1년 공급대가의 합계액에 부가가치율을 곱하고 세율을 곱한 금액을 말한다.

직전 1년 공급대가 합계액 × 부가가치율 × 세율 = 납부세액

## 15) 상계

상계라는 단어를 찾아보면 다음과 같다.

채무자와 채권자가 같은 종류의 채무와 채권을 가지는 경우에, 일방적 의사 표시로 서로의 채무와 채권을 같은 액수만큼 소멸함. 또는 그런 일.

매출세액에서 매입세액을 공제하는 계산이 바로 매출세액과 매입세액을 상계하는 과정이다.

매출세액에서 매입세액을 상계한 결과 매출세액이 더 많으면 그 차액을 사업자가 세무서에 납부하고 매입세액이 더 많으면 그 차액을 사업자가 세무서로부터 반환받는다.

## 16) 세액공제

이 책에서 말하는 세액공제는 매입세액공제와 현금영수증 발급금액 세액공제 및 전자신고에 대한 세액공제를 말한다.

## 17) 환급세액

이 책에서 말하는 환급세액은 일반과세자가 세무서로부터 반환받는 금액을 말한다.

## 18) 차가감 납부(환급)세액

사업자가 일반과세자인 경우, 매출세액에서 매입세액을 공제한 납부(환급)세액에서 현금영수증 발급금액 세액공제와 전자신고에 대한 세액공제 등을 공제하고 남은 금액이 양수일 경우 세무서에 납부하는 납부세액, 음수일 경우 세무서로부터 반환받는 환급세액을 차가감 납부(환급)세액이라고 한다.

## 19) 최종 납부세액

사업자가 간이과세자인 경우, 직전 1년 공급대가의 합계액에 부가가치율을 곱하고 세율을 곱한 결과인 납부세액에 해당 과세기간에 세금계산서 등을 발급받은 재화와 용역의 공급대가에 0.5퍼센트를 곱한 금액을 공제하고, 현금영수증 발급금액 세액공제와 전자신고에 대한 세액공제 등을 공제하고 남은 금액으로 납부세액이 양수일 경우와 납부세액이 음수일 경우가 있는데 음수는 없는 것으로 보아, 즉 영으로 보아 환급세액이 있어도 반환받지 못하기 때문에 최종 납부세액이라고 한다.

### 20) 초과하는 부분은 없는 것으로 본다

「부가가치세법」 제63조 제6항 규정의 "초과하는 부분은 없는 것으로 본다."의 의미는 "초과하는 부분은 0으로 본다."라는 의미로 납부세액을 계산한 결과 음수가 되어 환급세액이 있어도 환급받지 못하고 환급세액은 국가에 귀속된다는 의미이다.

「부가가치세법」 제63조 제6항의 규정을 적용받는 간이과세자는 환급세액이 있어도 환급세액을 반환받지 못한다.

# 03. 이 책에서 사용하는 용어 관련 규정

## 1) 매출세액과 매입세액 관련 「부가가치세법」 규정

「부가가치세법」 제31조(거래징수) 사업자가 재화 또는 용역을 공급하는 경우에는 제29조제1항에 따른 공급가액에 제30조에 따른 세율을 적용하여 계산한 부가가치세를 재화 또는 용역을 공급받는 자로부터 징수하여야 한다.

> 위 제31조 규정에 따라 사업자가 거래상대방으로부터 받은 부가가치세는 매출세액이고 사업자가 다른 사업자에게 지급한 부가가치세는 매입세액이다.
>
> 일반과세자와 간이과세자는 「부가가치세법」 제31조(거래징수) 규정에 따라 거래상대방으로부터 받은 부가가치세와 제31조(거래징수) 규정에 따라 다른 사업자에게 지급한 부가가치세는 일반과세자는 「부가가치세법」 제37조 규정에 따라 납부세액을 계산하고 간이과세자는 「부가가치세법」 제63조 규정에 따라 납부세액을 계산한다.

## 2) 부가가치세 납부세액 계산을 왜 하는가?

부가가치세는 최종 소비자가 부담한다.

사업자는 부가가치세를 부담하지 않는다.

사업자는 부가가치세를 부담하지 않으므로 사업자가 다른 사업자에게 지급한 부가가치세를 다시 반환받기 위하여 부가가치세 납부세액 계산을 한다.

사업자가 다른 사업자에게 지급한 부가가치세를 다시 반환받는 방법은 사업자가 거래상대방으로부터 받은 부가가치세, 매출세액과 사업자가 다른 사업자에게 지급한 부가가치세, 매입세액을 상계하는 방법으로 반환받는다. 상계한 결과 양수이면 그 금액을 사업자가 세무서에 납부하고 음수이면 그 금액을 사업자가 세무서로부터 반환받는다. 이러한 방법을 부가가치세 납부세액 계산이라고 한다.

위 「부가가치세법」 제31조(거래징수) 규정에 따라 사업자가 거래상대방으로부터 받은 부가가치세, 매출세액과 사업자가 다른 사업자에게 지급한 부가가치세, 매입세액을 상계하는 것이 납부세액 계산이다.

제31조(거래징수) 규정에 따라 사업자가 거래상대방으로부터 받은 부가가치세, 매출세액과 사업자가 다른 사업자에게 지급한 부가가치세, 매입세액을 상계하여 사업자가 받은 부가가치세, 매출세액이 지급한 부가가치세, 매입세액보다 많으면 그 차액을 사업자가 세무서에 납부하고 사업자가 받은 부가가치세, 매출세액이 지급한 부가가치세, 매입세액보다 적으면 그 차액을 사업자가 세무서로부터 반환받는 계산이 부가가치세 납부세액 계산이다.

다시 말해서 사업자의 매출세액과 매입세액을 상계하는 것이 납부세액 계산이다.

사업자의 매출세액과 매입세액을 상계하여 사업자의 매출세액이 매입세액보다 많으면 그 차액을 세무서에 납부하고 사업자의 매출세액이 매입세액보다 적으면 그 차액을 세무서에서 사업자에게 반환하는 것이 부가가치세 납부세액 계산이다.

### 3) 제31조(거래징수) 규정에 따라 받은 부가가치세에 대하여 일반과세자가 적용받는 납부세액 계산 규정

「부가가치세법」 제37조(납부세액 등의 계산) ① 매출세액은 제29조에 따른 과세표준에 제30조의 세율을 적용하여 계산한 금액으로 한다.

② 납부세액은 제1항에 따른 매출세액(제45조제1항에 따른 대손세액을 뺀 금액으로 한다)에서 제38조에 따른 매입세액, 그 밖에 이 법 및 다른 법률에 따라 공제되는 매입세액을 뺀 금액으로 한다. 이 경우 매출세액을 초과하는 부분의 매입세액은 환급세액으로 한다.

③ 제2항에 따른 납부세액을 기준으로 사업자가 최종 납부하거나 환급받을 세액은 다음

계산식에 따라 계산한다.

> 납부하거나 환급받을 세액 = A - B + C
> 
> A: 제2항에 따른 납부세액 또는 환급세액
> 
> B: 제46조, 제47조 및 그 밖에 이 법 및 다른 법률에서 정하는 공제세액
> 
> C: 제60조 및 「국세기본법」 제47조의2부터 제47조의5까지의 규정에 따른 가산세

 위 일반과세자의 납부세액 계산 절차는 복잡하고 어렵다.

## 4) 제31조(거래징수) 규정에 따라 받은 부가가치세에 대하여 간이과세자가 적용받는 납부세액 계산 규정

「부가가치세법」 제63조(간이과세자의 과세표준과 세액) ① 간이과세자의 과세표준은 해당 과세기간(제66조제2항 또는 제3항에 따라 신고하고 납부하는 경우에는 같은 조 제1항에 따른 예정부과기간을 말한다. 이하 이 조에서 같다)의 공급대가의 합계액으로 한다.

② 간이과세자의 납부세액은 다음의 계산식에 따라 계산한 금액으로 한다. 이 경우 둘 이상의 업종을 겸영하는 간이과세자의 경우에는 각각의 업종별로 계산한 금액의 합계액을 납부세액으로 한다.

> 납부세액 = 제1항에 따른 과세표준 × 직전 3년간 신고된 업종별 평균 부가가치율 등을 고려하여 5퍼센트에서 50퍼센트의 범위에서 대통령령으로 정하는 해당 업종의 부가가치율 × 10퍼센트

 위 간이과세자의 납부세액 계산 절차는 단순하고 간단하다.

③ 간이과세자가 다른 사업자로부터 세금계산서 등을 발급받아 대통령령으로 정하는 바에 따라 제54조제1항에 따른 매입처별 세금계산서합계표 또는 대통령령으로 정하는 신용카드매출전표등 수령명세서를 납세지 관할 세무서장에게 제출하는 경우에는 다음 각 호에 따라 계산한 금액을 과세기간에 대한 납부세액에서 공제한다. 다만, 제39조에 따라 공제되지 아니하는 매입세액은 그러하지 아니하다.

1. 해당 과세기간에 세금계산서등을 발급받은 재화와 용역의 공급대가에 0.5퍼센트를 곱한 금액
2. 삭제
3. 간이과세자가 과세사업과 면세사업등을 겸영하는 경우에는 대통령령으로 정하는 바에 따라 계산한 금액

④ 간이과세자(제36조제1항제2호 각 목의 어느 하나에 해당하는 간이과세자는 제외한다)가 전자세금계산서를 2027년 12월 31일까지 발급(전자세금계산서 발급명세를 제32조제3항에 따른 기한까지 국세청장에게 전송한 경우로 한정한다)하고 기획재정부령으로 정하는 전자세금계산서 발급세액공제신고서를 납세지 관할 세무서장에게 제출한 경우의 해당 과세기간에 대한 부가가치세액 공제에 관하여는 제47조제1항을 준용한다.

⑤ 간이과세자에 대한 과세표준의 계산은 제29조를 준용한다.

⑥ 간이과세자의 경우 제3항, 제4항 및 제46조제1항에 따라 공제하는 금액의 합계액이 각 과세기간의 납부세액을 초과하는 경우에는 그 초과하는 부분은 없는 것으로 본다.

⑦ 제68조제1항에 따라 결정 또는 경정하거나 「국세기본법」 제45조에 따라 수정신고한 간이과세자의 해당 연도의 공급대가의 합계액이 제61조제1항에 따른 금액 이상인 경우 대통령령으로 정하는 과세기간의 납부세액은 제2항에도 불구하고 제37조를 준용하여 계산한 금액으로 한다. 이 경우 공급가액은 공급대가에 110분의 100을 곱한 금액으로 하고, 매입세액을 계산할 때에는 세금계산서등을 받은 부분에 대하여 제3항에 따라 공제받은 세액은 매입세액으로 공제하지 아니한다.

### 「부가가치세법 시행령」 제111조 제2항 부가가치율 표

「부가가치세법 시행령」 제111조 ② 법 제63조제2항에서 "대통령령으로 정하는 해당 업종의 부가가치율"이란 다음 표의 구분에 따른 부가가치율을 말한다.

| 구분 | 부가가치율 |
|---|---|
| 1. 소매업, 재생용 재료수집 및 판매업, 음식점업 | 15퍼센트 |
| 2. 제조업, 농업·임업 및 어업, 소화물 전문 운송업 | 20퍼센트 |
| 3. 숙박업 | 25퍼센트 |
| 4. 건설업, 운수 및 창고업(소화물 전문 운송업은 제외한다), 정보통신업 | 30퍼센트 |
| 5. 금융 및 보험 관련 서비스업, 전문·과학 및 기술서비스업(인물사진 및 행사용 영상 촬영업은 제외한다), 사업시설관리·사업지원 및 임대서비스업, 부동산 관련 서비스업, 부동산임대업 | 40퍼센트 |
| 6. 그 밖의 서비스업 | 30퍼센트 |

## 5) 공급대가에 부가가치세가 포함되어 있다고 말하는 규정

**공급대가 = 공급가액 + 부가가치세**

공급가액 = 공급대가 - 부가가치세

부가가치세 = 공급대가 - 공급가액

(1) 「부가가치세법」 제2조(정의) 4. "간이과세자"(簡易課稅者)란 제61조제1항에 따라 직전 연도의 재화와 용역의 공급에 대한 대가(부가가치세가 포함된 대가를 말한다. 이하 "공급대가"라 한다)의 합계액이 대통령령으로 정하는 금액에 미달하는 사업자로서, 제7장에 따라 간편한 절차로 부가가치세를 신고·납부하는 개인사업자를 말한다.

이 규정에서 공급대가는 "부가가치세가 포함된 대가"라고 규정하고 있다. 당연히 공급대가에 포함된 부가가치세 세율은 10퍼센트이다.

공급대가 = 공급가액 + 부가가치세

(2) 제29조(과세표준) ⑦ 사업자가 재화 또는 용역을 공급하고 그 대가로 받은 금액에 부가가치세가 포함되어 있는지가 분명하지 아니한 경우에는 그 대가로 받은 금액에 110분의 100을 곱한 금액을 공급가액으로 한다.

그 대가로 받은 금액에 110분의 100을 곱한 금액은 공급가액이고 나머지 금액은 부가가치세이다. 즉, 공급대가 = 공급가액 + 부가가치세

(3) 제63조(간이과세자의 과세표준과 세액) ⑦ 제68조제1항에 따라 결정 또는 경정하거나 「국세기본법」 제45조에 따라 수정신고한 간이과세자의 해당 연도의 공급대가의 합계액이 제61조제1항에 따른 금액 이상인 경우 대통령령으로 정하는 과세기간의 납부세액은 제2항에도 불구하고 제37조를 준용하여 계산한 금액으로 한다. 이 경우 공급가액은 공급대가에 110분의 100을 곱한 금액으로 하고, 매입세액을 계산할 때에는 세금계산서등을 받은 부분에 대하여 제3항에 따라 공제받은 세액은 매입세액으로 공제하지 아니한다.

"공급가액은 공급대가에 110분의 100을 곱한 금액"은 공급대가에 110분의 100을 곱하면 공급가액과 부가가치세가 분리된다는 의미이다.

공급대가 = 공급가액 + 부가가치세

### 6) 일반과세자가 적용받는 매입세액 공제 규정

38조(공제하는 매입세액) ① 매출세액에서 공제하는 매입세액은 다음 각 호의 금액을 말한다.

1. 사업자가 자기의 사업을 위하여 사용하였거나 사용할 목적으로 공급받은 재화 또는

용역에 대한 부가가치세액(제52조제4항에 따라 납부한 부가가치세액을 포함한다)

2. 사업자가 자기의 사업을 위하여 사용하였거나 사용할 목적으로 수입하는 재화의 수입에 대한 부가가치세액

② 제1항제1호에 따른 매입세액은 재화 또는 용역을 공급받는 시기가 속하는 과세기간의 매출세액에서 공제한다.

③ 제1항제2호에 따른 매입세액은 재화의 수입시기가 속하는 과세기간의 매출세액에서 공제한다.

매출세액 - 매입세액 = 납부(환급)세액

### 7) 간이과세자가 적용받는 매입세액 공제 규정

제63조(간이과세자의 과세표준과 세액) ③ 간이과세자가 다른 사업자로부터 세금계산서 등을 발급받아 대통령령으로 정하는 바에 따라 제54조제1항에 따른 매입처별 세금계산서합계표 또는 대통령령으로 정하는 신용카드매출전표등 수령명세서를 납세지 관할 세무서장에게 제출하는 경우에는 다음 각 호에 따라 계산한 금액을 과세기간에 대한 납부세액에서 공제한다. 다만, 제39조에 따라 공제되지 아니하는 매입세액은 그러하지 아니하다.

1. 해당 과세기간에 세금계산서등을 발급받은 재화와 용역의 공급대가에 0.5퍼센트를 곱한 금액

해당 과세기간 세금계산서등을 발급받은 재화와 용역의 공급대가 × 0.5%
= 간이과세자의 매입세액 공제 금액이라는 의미이다.

### 8) 일반과세자가 적용받는 환급세액 조기 반환 규정

제59조(환급) ① 납세지 관할 세무서장은 각 과세기간별로 그 과세기간에 대한 환급세액을 확정신고한 사업자에게 그 확정신고기한이 지난 후 30일 이내(제2항 각 호의 어느 하나에 해당하는 경우에는 15일 이내)에 대통령령으로 정하는 바에 따라 환급하여야 한다.

② 제1항에도 불구하고 납세지 관할 세무서장은 다음 각 호의 어느 하나에 해당하여 환급을 신고한 사업자에게 대통령령으로 정하는 바에 따라 환급세액을 조기에 환급할 수 있다.

1. 사업자가 제21조부터 제24조까지의 규정에 따른 영세율을 적용받는 경우
2. 사업자가 대통령령으로 정하는 사업 설비를 신설·취득·확장 또는 증축하는 경우
3. 사업자가 대통령령으로 정하는 재무구조개선계획을 이행 중인 경우

## 9) 간이과세자가 적용받는 환급세액 반환 불가 규정

제63조(간이과세자의 과세표준과 세액) ⑥ 간이과세자의 경우 제3항, 제4항 및 제46조 제1항에 따라 공제하는 금액의 합계액이 각 과세기간의 납부세액을 초과하는 경우에는 그 초과하는 부분은 없는 것으로 본다.

위 「부가가치세법」 제63조 제6항 규정의 "초과하는 부분은 없는 것으로 본다." 즉, "초과하는 부분은 0으로 본다."라는 환급 불가 규정으로 간이과세자가 다른 사업자에게 지급한 부가가치세에 대하여 제63조 제6항 규정의 초과하는 부분의 금액, 즉 환급받지 못하는 금액은 국가에 귀속된다.

영세사업자인 간이과세자는 창업하고 1년이나 2년 또는 3년 이내의 단기간에 폐업하는 경우가 대부분으로 창업 때부터 다른 사업자에게 지급한 부가가치세에 대하여 제63조 제6항 규정의 초과하는 부분의 금액, 즉 환급받지 못하는 금액은 반환받지 못하여 결국 간이과세자는 사업자임에도 불구하고 소비자처럼 부가가치세를 부담하게 된다.

## 10) 간이과세자와 일반과세자가 공통으로 적용받는 제4장 세액공제 규정

### (1) 「부가가치세법」 제46조(신용카드등의 사용에 따른 세액공제 등)

① 제1호에 해당하는 사업자가 부가가치세가 과세되는 재화 또는 용역을 공급하고 제34조제1항에 따른 세금계산서의 발급시기에 제2호에 해당하는 거래증빙서류(이하 이 조에서 "신용카드매출전표등"이라 한다)를 발급하거나 대통령령으로 정하는 전자적 결제수단에

의하여 대금을 결제받는 경우에는 제3호에 따른 금액을 납부세액에서 공제한다.

3. 공제금액(연간 500만 원을 한도로 하되, 2026년 12월 31일까지는 연간 1천만 원을 한도로 한다): 발급금액 또는 결제금액의 1퍼센트(2026년 12월 31일까지는 1.3퍼센트로 한다)

② 제1항을 적용할 때 공제받는 금액이 그 금액을 차감하기 전의 납부할 세액[제37조제2항에 따른 납부세액에서 이 법,「국세기본법」및「조세특례제한법」에 따라 빼거나 더할 세액(제60조 및「국세기본법」제47조의2부터 제47조의4까지의 규정에 따른 가산세는 제외한다)을 빼거나 더하여 계산한 세액을 말하며, 그 계산한 세액이 "0"보다 작으면 "0"으로 본다]을 초과하면 그 초과하는 부분은 없는 것으로 본다.

납부세액 계산에서 신용카드 등의 사용에 따른 세액공제를 한 결과

- 납부할 세액이 양수이면 그대로 전액 세액공제를 받는다.
- 납부할 세액이 음수이고, 신용카드 등의 사용에 따른 세액공제보다 작으면, 일부가 공제된다.
  납부할 세액이 -1,000원이고 이미 공제한 세액이 1,500원일 때 이미 공제한 1,500원 중에서 1,000원을 취소하여 납부할 세액을 0원으로 만들어 결과적으로 500원을 공제를 받게 된다.
- 납부할 세액이 음수이고 신용카드 등의 사용에 따른 공제보다 크면 전혀 공제가 안 된다.
  납부할 세액이 -2,000원이고 이미 공제한 세액이 1,500원일 때 이미 공제한 1,500원을 취소하여 납부할 세액은 -500원이 되어 결국 500원을 환급받게 되는데 이 경우에는 신용카드 등의 사용에 따른 세액공제는 전혀 받지 않게 된다.

- 납부할 세액이 양수이면 그대로 전액 세액공제를 받는 경우
  매출세액 240만 원 - 매입세액 168만 원 = 720,000만 원(납부세액) - 현금영수증 발급금액에 대한 세액공제 343,200원 - 전자신고세액공제 1만 원 = 366,800원(차가감 납부세액)

- 납부할 세액이 음수이고 신용카드 등의 사용에 따른 공제보다 크면 세액공제취소하여 전혀 공제가 안 되는 경우
  매출세액 120만 원 - 매입세액 584만 원 = - 464만 원(환급세액) - 현금영수증 발급금액에 대한 세액공제 171,600원 - 전자신고세액공제 금액 1만 원 = - 4,821,600원 + 현금영수증 발급금액에 대한 세액공제 171,600원(세액공제취소) = - 4,650,000원(차가감 환급세액)

## 11) 전자신고 등에 대한 세액공제 규정

⊙ 「조세특례제한법」에서 정한 전자신고 등에 대한 세액공제 규정

「조세특례제한법」 제104조의8(전자신고 등에 대한 세액공제) ② 납세자가 직접 전자신고의 방법으로 대통령령으로 정하는 부가가치세 신고를 하는 경우에는 해당 납부세액에서 대통령령으로 정하는 금액을 공제하거나 환급세액에 가산한다. 다만, 매출가액과 매입가액이 없는 「부가가치세법」 제2조제5호에 따른 일반과세자에 대하여는 본문을 적용하지 아니하며, 같은 조 제4호에 따른 간이과세자에 대하여는 공제세액이 납부세액에 같은 법 제63조제3항, 제64조 및 제65조에 따른 금액을 가감(加減)한 후의 금액을 초과할 때에는 그 초과하는 금액은 없는 것으로 본다.

「조세특례제한법 시행령(대통령령)」

제104조의5(전자신고 등에 대한 세액공제)

④ 법 제104조의8제2항에서 "대통령령으로 정하는 금액"이란 1만 원을 말한다.

## 12) 과세기간

제5조(과세기간) ① 사업자에 대한 부가가치세의 과세기간은 다음 각 호와 같다.

1. 간이과세자: 1월 1일부터 12월 31일까지
2. 일반과세자

| 구분 | 과세기간 |
| --- | --- |
| 제1기 | 1월 1일부터 6월 30일까지 |
| 제2기 | 7월 1일부터 12월 31일까지 |

> 위 과세기간에 「부가가치세법」 제31조(거래징수) 규정에 따라 사업자가 거래상대방으로부터 받은 부가가치세와 사업자가 다른 사업자에게 지급한 부가가치세에 대하여 간이과세자는 매년 1월 25일 납부세액을 계산하여 신고·납부하고, 일반과세자는 매년 1월 25일과 7월 25일 납부세액을 계산하여 신고·납부한다.

# 04. 사업자등록을 신청하기 전에 지급한 부가가치세, 매입세액

### 1) 사업자등록 신청하기 전

사업자는 사업자등록을 신청하기 전에 사업장을 구하고 사업장을 꾸미는 등 사업을 개시하기 위하여 여러 가지 준비를 한다.

#### (1) 사업장 구하기

사업자는 사업자등록을 신청하기 전, 사업장을 구하기 위하여 공인중개사사무소에 방문하여 사업장을 소개받고 소개받은 사업장이 마음에 들면 공인중개사사무소에서 계약서를 작성한다.

사업자는 사업장을 소개받고 계약서를 작성한 비용으로 공인중개사 사업자에게 중개보수에 부가가치세를 합산한 합계금액을 지급한다.

여기서 중개보수는 부가가치세를 포함하지 않은 공급가액이다.

이 부가가치세는 사업자가 사업자등록을 신청하기 전에 다른 사업자에게 지급한 부가가치세, 매입세액이다.

#### (2) 사업장 꾸미기

사업자는 사업자등록을 신청하기 전에 사업장을 꾸미기 위하여 인테리어사업자, 간판사업자 등 다른 사업자에게 사업장을 꾸미는 작업을 맡기고 작업이 완성되면 인테리어사업자, 간판사업자 등 다른 사업자에게 작업 완성에 대한 비용으로 공급가액에 부가가치세를 합산한 합계금액을 지급한다.

이 부가가치세는 사업자가 사업자등록을 신청하기 전에 다른 사업자에게 지급한 부가가치세, 매입세액이다.

### (3) 매입세액에 대한 공제 및 환급세액

위와 같이 사업자는 사업자등록을 신청하기 전에 다른 사업자에게 지급한 부가가치세, 매입세액은 이후 사업자등록을 신청하고 부가가치세를 신고하고 납부하기 위하여 부가가치세 납부세액을 계산하는 때에 매입세액으로 공제받고 환급세액이 있으면 세무서로부터 다시 반환받는다.

### (4) 위 내용과 관련된 법령

「부가가치세법」 제39조(공제하지 아니하는 매입세액) ① 제38조에도 불구하고 다음 각 호의 매입세액은 매출세액에서 공제하지 아니한다.

8. 제8조에 따른 사업자등록을 신청하기 전의 매입세액. 다만, 공급시기가 속하는 과세기간이 끝난 후 20일 이내에 등록을 신청한 경우 등록신청일부터 공급시기가 속하는 과세기간 기산일(제5조제1항에 따른 과세기간의 기산일을 말한다)까지 역산한 기간 내의 것은 제외한다.

위 「부가가치세법」 제39조 제1항 제8호 다만, 공급시기가 속하는 과세기간이 끝난 후 20일 이내에 사업자등록을 신청한 경우, 사업자등록 신청일부터 공급시기가 속하는 과세기간 기산일(제5조제1항에 따른 과세기간의 기산일을 말한다)까지 역산한 기간 내의 것은 제외한다.

"다만, ~제외한다."의 의미는 "제39조 제1항 다음 각 호의 매입세액은 매출세액에서 공제하지 아니한다."에서 "제외한다."라고 하였으므로 결국 사업자가 사업자등록을 신청하기 전에 주민등록번호를 기재하여 발급받은 매입세액은 매출세액에서 공제한다는 의미의 규정이다.

예를 들어 2024년 7월 20일에 사업자등록을 신청한 경우, 2024년 1월 1일부터

2024년 6월 30일까지의 과세기간에 주민등록번호를 기재한 세금계산서를 발급받았다면 매입세액 공제를 받는다.

###  주민등록번호 기재 관련 규정

「부가가치세법 시행령」 제75조(세금계산서 등의 필요적 기재사항이 사실과 다르게 적힌 경우 등에 대한 매입세액 공제) 법 제39조제1항제2호 단서에서 "대통령령으로 정하는 경우"란 다음 각 호의 어느 하나에 해당하는 경우를 말한다.

1. 제11조제1항 또는 제2항에 따라 사업자등록을 신청한 사업자가 제11조제5항에 따른 사업자등록증 발급일까지의 거래에 대하여 해당 사업자 또는 대표자의 주민등록번호를 적어 발급받은 경우

> 위 「부가가치세법 시행령」 제75조 제1호 규정은 사업자가 사업자등록을 신청하기 전에는 사업자등록번호가 없으므로 공급받는 자 항목에 사업자 또는 대표자의 주민등록번호를 적은 세금계산서를 발급받아야 한다는 규정이다.

# 05. 사업자등록을 신청한 후 지급한 부가가치세, 매입세액

사업자는 사업자등록을 신청한 후 사업장을 운영하면서 사용하고 이용한 임대료, 전기요금, 통신비용, 광고비용, 경비비용 등 여러 가지 운영비용에 대하여 임대사업자, 한국전력공사, 통신사업자, 광고사업자, 경비사업자 등 다른 사업자에게 공급가액에 부가가치세를 합산한 합계금액을 지급한다.

예를 들어 임대료를 110만 원을 지급한 경우, 사업자는 임대사업자에게 공급가액 100만 원에 부가가치세 10만 원을 합산한 합계금액 110만 원을 지급한다.

전기요금으로 11만 원을 지급한 경우, 사업자는 한국전력공사 사업자에게 공급가액 10만 원에 부가가치세 1만 원을 합산한 합계금액 11만 원을 지급한다.

통신 비용으로 11만 원을 지급한 경우, 사업자는 통신 사업자에게 공급가액 10만 원에 부가가치세 1만 원을 합산한 합계금액 11만 원을 지급한다.

광고 비용으로 11만 원을 지급한 경우, 사업자는 광고 사업자에게 공급가액 10만 원에 부가가치세 1만 원을 합산한 합계금액 11만 원을 지급한다.

경비 비용으로 11만 원을 지급한 경우, 사업자는 경비 사업자에게 공급가액 10만 원에 부가가치세 1만 원을 합산한 합계금액 11만 원을 지급한다.

이 부가가치세 14만 원(10만 원 + 1만 원 + 1만 원 + 1만 원 + 1만 원)은 사업자가 사업자등록을 신청한 후에 1개월 동안 사업장을 운영하고 임대사업자, 한국전력공사 등 다른 사업자에게 지급한 부가가치세, 매입세액이다.

# 06. 사업자가 사업장을 운영하면서 중간에 사업장을 다시 꾸미는 경우

사업자는 사업장을 운영하면서 중간에 간판을 교체하거나, 인테리어를 다시 하는 경우가 있다.

이 경우, 사업자는 간판사업자, 인테리어사업자에게 간판을 교체하고, 인테리어를 새로 교체한 비용으로 공급가액에 부가가치세를 합산한 합계금액을 지급한다.

예를 들어 인테리어 비용이 5천5백만 원인 경우, 사업자는 사업장을 운영하면서 중간에 인테리어를 새로 교체하고 그 비용으로 인테리어사업자에게 공급가액 5천만 원에 부가가치세 5백만 원을 합산한 합계금액 5천5백만 원을 지급한다.

이렇게 사업자가 다른 사업자에게 지급한 부가가치세 500만 원은 사업자가 사업장을 운영하면서 중간에 인테리어를 새로 교체하고, 인테리어사업자에게 지급한 부가가치세, 매입세액이다.

위에서 살펴본 바와 같이 사업자가 다른 사업자에게 지급하는 부가가치세, 매입세액은 사업자등록을 신청하기 전과 사업자등록을 신청한 후, 그리고 사업장을 운영하는 중간에 인테리어를 새로 교체하고 지급하는 등 여러 가지 이유로 지급한다.

이렇게 사업자가 여러 가지 이유로 다른 사업자에게 지급한 부가가치세, 매입세액은 사업자가 부가가치세를 신고하고 납부하기 위하여 납부세액을 계산하는 때 사업자는 매입세액으로 공제받고 환급세액이 있는 경우 환급세액은 세무서로부터 반환받는다.

# 07. 사업자등록의 자유로운 선택

「부가가치세법」 제7장 제61조 제1항 규정에서 정한 직전 연도의 공급대가의 합계액이 1억 4백만 원에 미달하는 경우에도 사업자는 일반과세자 또는 간이과세자 중에서 자유롭게 하나를 선택하여 사업자등록을 할 수 있다.

일반과세자는 공급대가 금액의 적용 범위에 제한이 없다.

# 08. 과세유형의 변경통지와 부가가치세

### 1) 간이과세자에서 일반과세자로 과세유형이 변경되는 경우

간이과세자에서 일반과세자로 과세유형이 변경되는 경우, 관할 세무서장은 변경되는 과세기간 20일 전까지 사업자에게 통지하여야 한다.(「부가가치세법 시행령」 제110조 제1항)

### 2) 일반과세자에서 간이과세자로 과세유형이 변경되는 경우

일반과세자에서 간이과세자로 과세유형이 변경되는 경우, 과세유형의 변경 통지와 관계없이 과세유형의 변경 시기에 자동으로 간이과세자로 변경된다.(「부가가치세법 시행령」 제110조 제2항)

> 위 2) 과세유형의 변경에 따른 통지의 규정에서 알 수 있듯이 일반과세자가 부가가치세 10퍼센트를 받는 상태에서 간이과세자로 과세유형이 변경된 경우, 과세유형의 변경 통지와 관계없이 계속하여 부가가치세 10퍼센트를 받는다.

이미 일반과세자에서 간이과세자로 과세유형이 변경되었는데도 과세유형의 변경 통지가 없는 경우 일반과세자는 간이과세자로 변경이 되었다는 사실을 모르고 여전히 계속하여 부가가치세 10퍼센트를 받는다.

간이과세자에서 일반과세자로 과세유형이 변경되는 경우에는 반드시 변경통지를 하여야 한다.

그러나 일반과세자에서 간이과세자로 과세유형이 변경되는 경우에는 변경통지를 하지 않아도 된다. 그래서 이미 간이과세자로 과세유형이 변경이 되었음에도 불구하고 과세유형 변경통지를 받지 못한 일반과세자는 자신이 여전히 일반과세자라고 생각하고 계속하여 부가가치세를 받고 있다는 것이고 결국 간이과세자는 부가가치세 10퍼센트를 받아도 아무런 문제가 없다는 규정이다.

> 위 과세유형의 변경에 따른 통지 규정에서 알 수 있듯이 간이과세자는 「부가가치세법」 제31조(거래징수) 규정에 따라 거래상대방으로부터 부가가치세 10퍼센트를 받아야 한다는 것을 알 수가 있다.

### ⊙ 과세유형의 변경통지와 관련된 「부가가치세법 시행령」

제110조(간이과세와 일반과세의 적용시기) ① 법 제62조제1항 및 제2항의 경우 해당 사업자의 관할 세무서장은 법 제61조에 따라 간이과세자에 관한 규정이 적용되거나 적용되지 아니하게 되는 과세기간 개시 20일 전까지 그 사실을 통지하여야 하며, 사업자등록증을 정정하여 과세기간 개시 당일까지 발급하여야 한다.

② 법 제62조제1항 및 제2항에 따른 시기에 법 제61조에 따라 간이과세자에 관한 규정이 적용되는 사업자에게는 제1항에 따른 통지와 관계없이 법 제62조제1항에 따른 시기에 법 제61조에 따라 간이과세자에 관한 규정을 적용한다. 다만, 부동산임대업을 경영하는 사업자의 경우에는 법 제62조제1항에도 불구하고 제1항에 따른 통지를 받은 날이 속하는 과세기간까지는 일반과세자에 관한 규정을 적용한다.

# 09. 공급대가와 공급가액과 부가가치세

공급대가는 부가가치세가 포함된 금액이고 공급가액은 부가가치세는 포함하지 아니한 금액이다.

「부가가치세법」 제2조(정의) 4. "간이과세자"(簡易課稅者)란 제61조제1항에 따라 직전 연도의 재화와 용역의 공급에 대한 대가(부가가치세가 포함된 대가를 말한다. 이하 "공급대가"라 한다)의 합계액이 대통령령으로 정하는 금액에 미달하는 사업자로서, 제7장에 따라 간편한 절차로 부가가치세를 신고·납부하는 개인사업자를 말한다.

> 위 「부가가치세법」 제2조 제4호에서 "공급대가는 부가가치세가 포함된 대가"라고 명확하게 규정하고 있다.
> 공급대가는 부가가치세를 별도로 표시하지 않고 부가가치세를 포함하여 표시한 금액이다. 따라서 부가가치세를 포함하지 아니하는 공급가액에 부가가치세 10퍼센트를 더하여 표시하는 금액이 공급대가이다.

제29조(과세표준) ① 재화 또는 용역의 공급에 대한 부가가치세의 과세표준은 해당 과세기간에 공급한 재화 또는 용역의 공급가액을 합한 금액으로 한다.

③ 제1항의 공급가액은 다음 각 호의 가액을 말한다. 이 경우 대금, 요금, 수수료, 그 밖에 어떤 명목이든 상관없이 재화 또는 용역을 공급받는 자로부터 받는 금전적 가치 있는 모든 것을 포함하되, 부가가치세는 포함하지 아니한다.

위 「부가가치세법」 제29조 제3항에서 "공급가액은 부가가치세는 포함하지 아니한다."라고 명확하게 규정하고 있다.

공급가액은 부가가치세를 포함하지 아니한 금액이므로 부가가치세를 별도로 표시하여야 한다.

제29조(과세표준) ⑦ 사업자가 재화 또는 용역을 공급하고 그 대가로 받은 금액에 부가가치세가 포함되어 있는지가 분명하지 아니한 경우에는 그 대가로 받은 금액에 110분의 100을 곱한 금액을 공급가액으로 한다.

제63조(간이과세자의 과세표준과 세액) ⑦ 제68조제1항에 따라 결정 또는 경정하거나 「국세기본법」 제45조에 따라 수정신고한 간이과세자의 해당 연도의 공급대가의 합계액이 제61조제1항에 따른 금액 이상인 경우 대통령령으로 정하는 과세기간의 납부세액은 제2항에도 불구하고 제37조를 준용하여 계산한 금액으로 한다. 이 경우 공급가액은 공급대가에 110분의 100을 곱한 금액으로 하고, 매입세액을 계산할 때에는 세금계산서등을 받은 부분에 대하여 제3항에 따라 공제받은 세액은 매입세액으로 공제하지 아니한다.

위 「부가가치세법」 제29조 제7항과 제63조 제7항에서는 공급대가에 110분의 100을 곱한 금액을 공급가액으로 한다고 명확하게 규정하여 공급대가는 부가가치세가 포함된 금액이고, 공급가액은 부가가치세를 포함하지 아니한 금액이라고 명확하게 규정하고 있다.

결국 부가가치세를 별도로 표시하는 경우와 부가가치세를 포함하여 표시하는 경우로 표시하는 방법에 차이가 있는 것일 뿐 부가가치세 10퍼센트를 받아야 하는 것은 일반과세자와 간이과세자 모두 동일하다.

따라서 일반과세자와 간이과세자는 표시 방법과 관계없이 「부가가치세법」 제31조(거래징수) 규정에 따라 거래상대방으로부터 부가가치세 10퍼센트를 받아야 한다.

# 10. 「부가가치세법」 제31조, 제29조 제1항, 제30조 규정

제31조(거래징수) 사업자가 재화 또는 용역을 공급하는 경우에는 제29조제1항에 따른 공급가액에 제30조에 따른 세율을 적용하여 계산한 부가가치세를 재화 또는 용역을 공급받는 자로부터 징수하여야 한다.

제29조(과세표준) ① 재화 또는 용역의 공급에 대한 부가가치세의 과세표준은 해당 과세기간에 공급한 재화 또는 용역의 공급가액을 합한 금액으로 한다.

제30조(세율) 부가가치세의 세율은 10퍼센트로 한다.

> 위 제31조(거래징수) 규정에서 제29조 제1항의 공급가액에 제30조의 세율을 적용하여 계산한 부가가치세를 거래상대방으로부터 받아야 한다고 명확하게 규정하고 있다.

# 11. 납부세액 계산 관련 제37조와 제63조 규정

제37조(납부세액 등의 계산) ① 매출세액은 제29조에 따른 과세표준에 제30조의 세율을 적용하여 계산한 금액으로 한다.

② 납부세액은 제1항에 따른 매출세액(제45조제1항에 따른 대손세액을 뺀 금액으로 한다)에서 제38조에 따른 매입세액, 그 밖에 이 법 및 다른 법률에 따라 공제되는 매입세액을 뺀 금액으로 한다. 이 경우 매출세액을 초과하는 부분의 매입세액은 환급세액으로 한다.

③ 제2항에 따른 납부세액을 기준으로 사업자가 최종 납부하거나 환급받을 세액은 다음 계산식에 따라 계산한다.

---

납부하거나 환급받을 세액 = A - B + C

A: 제2항에 따른 납부세액 또는 환급세액

B: 제46조, 제47조 및 그 밖에 이 법 및 다른 법률에서 정하는 공제세액

C: 제60조 및 「국세기본법」 제47조의2부터 제47조의5까지의 규정에 따른 가산세

---

> 위 「부가가치세법」 제37조(납부세액 등의 계산) 규정은 일반과세자에게 적용하는 규정으로 납부세액 계산 방법이 복잡하고 어려운 절차로 되어 있다.

제63조(간이과세자의 과세표준과 세액) ① 간이과세자의 과세표준은 해당 과세기간(제66조제2항 또는 제3항에 따라 신고하고 납부하는 경우에는 같은 조 제1항에 따른 예정부과기간을 말한다. 이하 이 조에서 같다)의 공급대가의 합계액으로 한다.

② 간이과세자의 납부세액은 다음의 계산식에 따라 계산한 금액으로 한다. 이 경우 둘

이상의 업종을 겸영하는 간이과세자의 경우에는 각각의 업종별로 계산한 금액의 합계액을 납부세액으로 한다.

> 납부세액 = 제1항에 따른 과세표준 × 직전 3년간 신고된 업종별 평균 부가가치율 등을 고려하여 5퍼센트에서 50퍼센트의 범위에서 대통령령으로 정하는 해당 업종의 부가가치율 × 10퍼센트

 위 「부가가치세법」 제63조(간이과세자의 과세표준과 세액) 규정은 간이과세자에게 적용하는 규정으로 납부세액 계산 방법이 단순하고 간편한 절차로 되어 있다.

③ 간이과세자가 다른 사업자로부터 세금계산서등을 발급받아 대통령령으로 정하는 바에 따라 제54조제1항에 따른 매입처별 세금계산서합계표 또는 대통령령으로 정하는 신용카드매출전표등 수령명세서를 납세지 관할 세무서장에게 제출하는 경우에는 다음 각 호에 따라 계산한 금액을 과세기간에 대한 납부세액에서 공제한다. 다만, 제39조에 따라 공제되지 아니하는 매입세액은 그러하지 아니하다.

1. 해당 과세기간에 세금계산서등을 발급받은 재화와 용역의 공급대가에 0.5퍼센트를 곱한 금액
2. 삭제
3. 간이과세자가 과세사업과 면세사업등을 겸영하는 경우에는 대통령령으로 정하는 바에 따라 계산한 금액

④ 간이과세자(제36조제1항제2호 각 목의 어느 하나에 해당하는 간이과세자는 제외한다)가 전자세금계산서를 2027년 12월 31일까지 발급(전자세금계산서 발급명세를 제32조제3항에 따른 기한까지 국세청장에게 전송한 경우로 한정한다)하고 기획재정부령으로 정하는 전자세금계산서 발급세액공제신고서를 납세지 관할 세무서장에게 제출한 경우의 해당 과세기간에 대한 부가가치세액 공제에 관하여는 제47조제1항을 준용한다.

⑤ 간이과세자에 대한 과세표준의 계산은 제29조를 준용한다.

⑥ 간이과세자의 경우 제3항, 제4항 및 제46조제1항에 따라 공제하는 금액의 합계액이 각 과세기간의 납부세액을 초과하는 경우에는 그 초과하는 부분은 없는 것으로 본다.

⑦ 제68조제1항에 따라 결정 또는 경정하거나 「국세기본법」 제45조에 따라 수정신고한 간이과세자의 해당 연도의 공급대가의 합계액이 제61조제1항에 따른 금액 이상인 경우 대통령령으로 정하는 과세기간의 납부세액은 제2항에도 불구하고 제37조를 준용하여 계산한 금액으로 한다. 이 경우 공급가액은 공급대가에 110분의 100을 곱한 금액으로 하고, 매입세액을 계산할 때에는 세금계산서등을 받은 부분에 대하여 제3항에 따라 공제받은 세액은 매입세액으로 공제하지 아니한다.

# 12. 일반과세자와 간이과세자가 공통으로 적용받는 제4장 영수증 규정

제4장 제36조(영수증 등) ① 제32조에도 불구하고 다음 각 호의 어느 하나에 해당하는 자가 재화 또는 용역을 공급(부가가치세가 면제되는 재화 또는 용역의 공급은 제외한다)하는 경우에는 제15조 및 제16조에 따른 재화 또는 용역의 공급시기에 대통령령으로 정하는 바에 따라 그 공급을 받은 자에게 세금계산서를 발급하는 대신 영수증을 발급하여야 한다.

1. 주로 사업자가 아닌 자에게 재화 또는 용역을 공급하는 사업자로서 대통령령으로 정하는 사업자

2. 간이과세자 중 다음 각 목의 어느 하나에 해당하는 자

가. 직전 연도의 공급대가의 합계액(직전 과세기간에 신규로 사업을 시작한 개인사업자의 경우 제61조제2항에 따라 환산한 금액)이 4천800만 원 미만인 자

나. 신규로 사업을 시작하는 개인사업자로서 제61조제4항에 따라 간이과세자로 하는 최초의 과세기간 중에 있는 자

② 제32조에도 불구하고 「전기사업법」 제2조제2호에 따른 전기사업자가 산업용이 아닌 전력을 공급하는 경우 등 대통령령으로 정하는 경우 해당 사업자는 영수증을 발급할 수 있다. 이 경우 해당 사업자가 영수증을 발급하지 아니하면 세금계산서를 발급하여야 한다.

③ 제1항 및 제2항에도 불구하고 재화 또는 용역을 공급받는 자가 사업자등록증을 제시하고 세금계산서의 발급을 요구하는 경우로서 대통령령으로 정하는 경우에는 세금계산서를 발급하여야 한다.

④ 제1항 및 제2항에도 불구하고 영수증을 발급하는 사업자는 금전등록기를 설치하여 영수증을 대신하여 공급대가를 적은 계산서를 발급할 수 있다. 이 경우 사업자가 계산서를 발급하고 해당 감사테이프를 보관한 경우에는 제1항에 따른 영수증을 발급하고 제71조에

따른 장부의 작성을 이행한 것으로 보며, 현금수입을 기준으로 부가가치세를 부과할 수 있다.

⑤ 제46조제1항에 따른 신용카드매출전표등은 제1항에 따른 영수증으로 본다.

⑥ 영수증 및 계산서의 기재사항 및 작성 등에 필요한 사항은 대통령령으로 정한다.

위 제36조 제1항에서 세금계산서 대신 영수증을 발급하여야 한다고 말하는 제1호 "주로 사업자가 아닌 자에게 재화 또는 용역을 공급하는 사업자로서 대통령령으로 정하는 사업자"는 주로 최종 소비자를 대상으로 사업을 하는 일반과세자를 말한다.

「부가가치세법 시행령」 제73조(영수증 등) ① 법 제36조제1항제1호에서 "대통령령으로 정하는 사업자"란 다음 각 호의 사업을 하는 사업자를 말한다.

1. 소매업 2. 음식점업(다과점업을 포함한다) 3. 숙박업 4. 미용, 욕탕 및 유사 서비스업 5. 여객운송업 6. 입장권을 발행하여 경영하는 사업 등

# 13. 일반과세자와 간이과세자가 공통으로 적용받는 제4장 세액공제 규정

제4장 제46조(신용카드 등의 사용에 따른 세액공제 등) ① 제1호에 해당하는 사업자가 부가가치세가 과세되는 재화 또는 용역을 공급하고 제34조제1항에 따른 세금계산서의 발급시기에 제2호에 해당하는 거래증빙서류(이하 이 조에서 "신용카드매출전표등"이라 한다)를 발급하거나 대통령령으로 정하는 전자적 결제수단에 의하여 대금을 결제받는 경우에는 제3호에 따른 금액을 납부세액에서 공제한다.

1. 사업자: 다음 각 목의 어느 하나에 해당하는 사업자

가. 주로 사업자가 아닌 자에게 재화 또는 용역을 공급하는 사업으로서 대통령령으로 정하는 사업을 하는 사업자(법인사업자와 직전 연도의 재화 또는 용역의 공급가액의 합계액이 대통령령으로 정하는 금액을 초과하는 개인사업자는 제외한다)

나. 제36조제1항제2호에 해당하는 간이과세자

2. 거래증빙서류: 다음 각 목의 어느 하나에 해당하는 서류

가. 「여신전문금융업법」에 따른 신용카드매출전표

나. 「조세특례제한법」 제126조의3에 따른 현금영수증

다. 그 밖에 이와 유사한 것으로 대통령령으로 정하는 것

3. 공제금액(연간 500만 원을 한도로 하되, 2026년 12월 31일까지는 연간 1천만 원을 한도로 한다): 발급금액 또는 결제금액의 1퍼센트(2026년 12월 31일까지는 1.3퍼센트로 한다)

가. 삭제

나. 삭제

② 제1항을 적용할 때 공제받는 금액이 그 금액을 차감하기 전의 납부할 세액[제37조제

2항에 따른 납부세액에서 이 법, 「국세기본법」 및 「조세특례제한법」에 따라 빼거나 더할 세액(제60조 및 「국세기본법」 제47조의2부터 제47조의4까지의 규정에 따른 가산세는 제외한다)을 빼거나 더하여 계산한 세액을 말하며, 그 계산한 세액이 "0"보다 작으면 "0"으로 본다]을 초과하면 그 초과하는 부분은 없는 것으로 본다.

③ 사업자가 대통령령으로 정하는 사업자로부터 재화 또는 용역을 공급받고 부가가치세액이 별도로 구분되는 신용카드매출전표등을 발급받은 경우로서 다음 각 호의 요건을 모두 충족하는 경우 그 부가가치세액은 제38조제1항 또는 제63조제3항에 따라 공제할 수 있는 매입세액으로 본다.

1. 대통령령으로 정하는 신용카드매출전표등 수령명세서를 제출할 것
2. 신용카드매출전표등을 제71조제3항을 준용하여 보관할 것. 이 경우 대통령령으로 정하는 방법으로 증명 자료를 보관하는 경우에는 신용카드매출전표등을 보관하는 것으로 본다.
3. 간이과세자가 제36조의2제1항 및 제2항에 따라 영수증을 발급하여야 하는 기간에 발급한 신용카드매출전표등이 아닐 것

④ 국세청장은 주로 사업자가 아닌 소비자에게 재화 또는 용역을 공급하는 사업자로서 대통령령으로 정하는 자에 대하여 납세관리에 필요하다고 인정하면 「여신전문금융업법」에 따른 신용카드가맹점 가입 대상자 또는 「조세특례제한법」 제126조의3에 따른 현금영수증가맹점 가입 대상자로 지정하여 신용카드가맹점 또는 현금영수증가맹점으로 가입하도록 지도할 수 있다.

⑤ 제1항부터 제4항까지에서 규정한 사항 외에 신용카드매출전표등에 따른 세액공제의 범위, 신용카드가맹점 가입 대상자 또는 현금영수증가맹점 가입 대상자의 지정 및 그 밖에 필요한 사항은 대통령령으로 정한다.

> 위 제46조 제1항 제3호 공제금액(연간 500만 원을 한도로 하되, 2026년 12월 31일까지는 연간 1천만 원을 한도로 한다): 발급금액 또는 결제금액의 1퍼센트(2026년 12월 31일까지는 1.3퍼센트로 한다)는 위 제4장 제46조 규정은 「조세특례제한법」 제126조의3에 따른 현금영수증 발급금액이 포함되며 일반과세자와 간이과세자가 공통으로 적용받는 규정이다.

# 제2장

## 일반과세자와 간이과세자의 납부세액 계산의 이해

# 14. 간이과세자가 부가가치세 10퍼센트를 받아야 하는 몇 가지 예시

저자는 공인중개사이고 공인중개사로서의 경험을 예시로 하여 부가가치세를 계산한다.

## 1) 납부세액 계산 방법

### 가. 예시의 일반과세자의 납부세액 계산 방법

매출세액 - 매입세액 = 납부(환급)세액 - 현금영수증 발급에 대한 세액공제 - 전자신고세액공제 = 차가감 납부(환급)세액

위 계산에서 일반과세자의 경우에는 환급세액이 있으면 반환받으므로 "납부(환급)세액", "차가감 납부(환급)세액"이라고 표시한다.

### 나. 예시의 간이과세자의 납부세액 계산 방법

공급대가 × 부가가치율 40% × 세율 = 납부세액 - 세금계산서등을 발급받은 공급대가의 세액공제 - 현금영수증 발급에 대한 세액공제 - 전자신고세액공제 = 최종 납부세액

위 계산에서 간이과세자의 경우에는 환급세액이 있어도 없는 것으로 보아, 즉 0원으로 취급하여 환급세액을 반환받지 못하므로 "납부세액", "최종 납부세액"이라고 표시한다.

## 2) 창업 및 운영에 따른 매입세액과 매출세액

예를 들어 어떤 사람이 사업자등록을 신청하기 전에 창업을 준비하면서 사무실 인테리어 공사 비용으로 인테리어사업자에게 5천5백만 원을 지급하였다.

사업자가 지급한 5천5백만 원은 공급가액 5천만 원에 부가가치세 5백만 원을 합산한 금액이다.

이 경우, 창업자가 사업자등록을 신청하기 전에 인테리어사업자에게 지급한 부가가치세, 매입세액은 5백만 원이다.

이 경우, 창업자가 인테리어사업자로부터 세금계산서등을 발급받은 공급대가 5천5백만 원 × 0.5% = 275,000원은 간이과세자의 매입세액이다.

위 창업자가 사업자등록을 신청하기 전에 인테리어사업자에게 5천5백만 원을 지급하고 이후 사업자등록을 신청한 후 사업장을 운영하면서 임대사업자, 한국전력공사 등 다른 사업자에게 매월 임대료 110만 원, 전기요금 11만 원, 통신요금 11만 원, 광고비용 11만 원, 경비비용 11만 원으로 합계금액 154만 원을 지급한다.

임대료 110만 원(공급가액 100만 원 + 부가가치세 10만 원) 매입세액 10만 원
전기요금 11만 원(공급가액 10만 원 + 부가가치세 1만 원) 매입세액 1만 원
통신비용 11만 원(공급가액 10만 원 + 부가가치세 1만 원) 매입세액 1만 원
광고비용 11만 원(공급가액 10만 원 + 부가가치세 1만 원) 매입세액 1만 원
경비비용 11만 원(공급가액 10만 원 + 부가가치세 1만 원) 매입세액 1만 원

이 경우 사업자가 1개월 동안 사업장을 운영하고 다른 사업자에게 지급한 부가가치세, 매입세액은 14만 원이다.(10만 원 + 1만 원 + 1만 원 + 1만 원 + 1만 원)

> 이 경우 간이과세자의 매입세액은 창업하면서 인테리어사업자로부터 세금계산서 등을 발급받은 공급대가 5천5백만 원 × 0.5% = 275,000원이고, 사업장을 운영하면서 임대사업자 등 다른 사업자로부터 세금계산서등을 발급받은 공급대가의 세액공제 금액 46,200원(임대사업자 등 다른 사업자로부터 세금계산서등을 발급받은 공급대가 154만 원 × 6개월 × 0.5%)이다.

월평균 공급대가 합계액이 220만 원(공급가액 200만 원 + 부가가치세 20만 원)이고, 7월 1일부터 12월 31일까지 6개월 동안의 공급대가의 합계액 1,320만 원[(220만 원 × 6개월)이고, 공급가액 1천2백만 원, 부가가치세, 매출세액 120만 원]이다.

> 위 창업비용 5천5백만 원과 매월 운영비용 154만 원과 월평균 공급대가 합계액 220만 원과 매출세액 20만 원을 기초로 창업 후 6개월 동안 운영하고 처음 납부세액을 계산하는 경우 일반과세자와 간이과세자의 납부세액을 비교한다.

- 매출세액 120만 원(월 매출세액 20만 원 × 6개월)
- 매입세액 584만 원(창업 매입세액 500만 원 + 임대사업자 등 다른 사업자에게 지급한 부가가치세, 매입세액 84만 원, 14만 원 × 6개월)
- 간이과세자가 인테리어사업자로부터 세금계산서등을 발급받은 공급대가 5천5백만 원 × 0.5% = 275,000원
- 간이과세자가 임대사업자 등 다른 사업자로부터 세금계산서등을 발급받은 공급대가의 세액공제 금액 46,200원(임대사업자 등 다른 사업자로부터 세금계산서등을 발급받은 공급대가 154만 원 × 6개월 × 0.5%)
- 간이과세자의 세금계산서등을 발급받은 공급대가의 세액공제 금액의 합계금액 321,200원(275,000원 + 46,200원)
- 현금영수증 발급금액에 대한 세액공제 금액 171,600원
  (현금영수증 발급금액 1,320만 원 × 1.3%)

- 전자신고세액공제 금액 1만 원
- 부동산중개업의 부가가치율 40퍼센트
- 부가가치세 세율 10퍼센트

### 3) 위의 예시에 따라 7월 1일부터 12월 31까지의 과세기간을 적용하여 다음해 1월 25일에 일반과세자·간이과세자의 납부세액을 계산하는 경우

**매출세액: 120만 원**(월 매출세액 20만 원 × 6개월)

**매입세액: 500만 원**(인테리어사업자에게 지급한 부가가치세)

　　　　**84만 원**(매월 임대사업자 등에게 지급한 부가가치세 14만 원 × 6개월)

**공급대가: 1,320만 원**(월 공급대가 220만 원 × 6개월)

**부가가치율: 40퍼센트**

**세율: 10퍼센트**

**세금계산서등을 발급받은 세액공제: 321,200원**(275,000원 + 46,200원)

 해당 과세기간에 세금계산서등을 발급받은 재화와 용역의 공급대가에 0.5퍼센트를 곱한 금액

　275,000원(세금계산서등을 발급받은 공급대가의 세액공제 5,500만 원 × 0.5%)

　46,200원(세금계산서등을 발급받은 공급대가의세액공제 154만 원×6개월×0.5%)

### 일반과세자와 간이과세자가 공통으로 적용받는 세액공제

**세액공제: 171,600원**(현금영수증 발급금액 세액공제 1,320만 원 × 1.3%)

　　　　**1만 원**(전자신고에 대한 세액공제 1만 원)

### (1) 일반과세자의 납부세액 계산

매출세액 - 매입세액 = 납부(환급)세액 - 현금영수증 발급금액에 대한 세액공제 - 전자신고세액공제 = 차가감 납부(환급)세액

매출세액 120만 원 - 매입세액 584만 원 = -464만 원(환급세액) - 현금영수증 발급금액에 대한 세액공제 171,600원 - 전자신고세액공제 금액 1만 원 = -4,821,600원 + 현금영수증 발급금액에 대한 세액공제 171,600원(취소세액공제) = -4,650,000원(차가감 환급세액)

**위 차가감 환급세액 4,650,000원은 일반과세자는 세무서로부터 반환받는다.**

실제로는 일반과세자는 매출세액 120만 원을 납부세액 계산에서 미리 공제하여 세무서에 납부하지 않는다.

결국 환급세액 465만 원 + 매출세액 120만 원 = 585만 원으로 일반과세자는 다른 사업자에게 지급한 부가가치세, 매입세액 584만 원을 전부 반환받고 전자신고세액공제 1만 원을 받아 최종적으로 585만 원을 반환받는다.

위 계산에서 알 수 있듯이 일반과세자는 본인의 돈으로 납부한 부가가치세는 0원이다.

일반과세자는 본인의 돈으로 다른 사업자에게 지급한 부가가치세 584만 원은 세무서로부터 다시 반환받고, 전자신고세액공제 1만 원을 받아 최종적으로 585만 원을 반환받는다.

결국 일반과세자는 거래상대방으로부터 받은 부가가치세, 매출세액 120만 원은 세무서에 납부하고 본인의 돈으로 다른 사업자에게 지급한 부가가치세 584만 원은 다시 전부 반환받음으로써 일반과세자는 본인의 돈으로는 부가가치세를 전혀 납부하지 않는다.

즉, 부가가치세 계산에서 일반과세자는 전혀 손해가 없다.

### (2) 간이과세자의 납부세액 계산

공급대가 × 부가가치율 40% × 세율 = 납부세액 - 세금계산서등을 발급받은 공급대가의 세액공제 - 현금영수증 발급에 대한 세액공제 - 전자신고세액공제 = 최종 납부세액

공급대가의 합계액 1,320만 원 × 부가가치율 40% × 세율 10% = 528,000원(납부세액) - 세금계산서등을 발급받은 공급대가의 세액공제 금액 321,200원 - 현금영수증 발급

금액에 대한 세액공제 171,600원 - 전자신고세액공제 1만 원 = 25,200원(최종 납부세액)

최종 납부세액 25,200원은 1년 공급대가 합계액이 4,800만 원에 미달하는 2,640만 원으로 납부의무 면제 간이과세자이므로 세무서에 납부하지 않는다.

**위 계산에서 알 수 있듯이 간이과세자는 본인의 돈으로 납부한 부가가치세는 464만 원이다.**

간이과세자는 본인의 돈으로 다른 사업자에게 지급한 부가가치세, 매입세액 584만 원은 반환받지 못하고 거래상대방으로부터 받은 부가가치세 매출세액 120만 원은 세무서에 납부하지 않고 간이과세자 소득이 된다.

결국 간이과세자는 본인의 돈 464만 원은 국가에 귀속되어 부가가치세로 세무서에 납부한 것이다.(매입세액 584만 원 - 매출세액 120만 원)

**이 경우, 부가가치세 계산에서 간이과세자는 464만 원의 손해가 있다.**

간이과세자의 부가가치세 납부세액 계산은 공급대가 × 부가가치율 40% × 10% = 4%(납부세액)라고 주장하면서 소비자 등 거래상대방으로부터 받은 부가가치세 중에서 4퍼센트 이내의 금액을 납부세액으로 세무서에 납부하는 간이과세자는 부가가치세를 4퍼센트 이내의 금액만 받아야 한나고 하나.

그런데 위 납부세액 계산에서 확인하여 알 수 있듯이 공급대가 1,320만 원 × 부가가치율 40% × 10% = 납부세액 528,000원은 거래상대방으로부터 받은 부가가치세 120만 원의 4퍼센트가 아니다.

거래상대방으로부터 받은 부가가치세 120만 원의 4퍼센트는 48,000원이다.

위 계산에서 간이과세자의 납부세액 528,000원은 거래상대방으로부터 받은 부가가치세 120만 원의 44퍼센트 금액이다.

공급대가 × 부가가치율 40% × 세율 10% = 납부세액의 계산식을 적용하면 부가가치율이 40퍼센트이니까 간이과세자는 거래상대방으로부터 받은 부가가치세 중에서 4퍼센트 이내 금액만 납부한다는 주장은 전혀 타당하지 않다.

### (3) 일반과세자의 계산 순서에 따른 이해

**가.** 거래상대방으로부터 받은 부가가치세를 납부하지 않고 환급세액을 반환받는 경우

이 경우 일반과세자는 거래상대방으로부터 받은 부가가치세 120만 원은 납부세액 계산에서 미리 공제하여 세무서에 납부하지 않으므로 환급세액 465만 원을 반환받는다.

납부세액 계산에서 미리 공제하여 세무서에 납부하지 않은 120만 원에 환급세액 465만 원을 더하면 585만 원이 된다.

결국 일반과세자는 다른 사업자에게 지급한 부가가치세 584만 원을 전액 반환받고 전자신고세액공제 금액 1만 원을 더하여 585만 원을 반환받게 된다.

**나.** 거래상대방으로부터 받은 부가가치세를 납부하고 다른 사업자에게 지급한 부가가치세를 반환받는 경우

위에서 살펴본 납부세액 계산에서 거래상대방으로부터 받은 부가가치세 120만 원을 세무서에 납부하고 다른 사업자에게 지급한 부가가치세 584만 원을 반환받고 전자신고세액공제 1만 원을 받아 585만 원을 반환받은 일반과세자는 부가가치세 계산에서 전혀 손해가 없다.

### (4) 간이과세자의 납부세액 계산 결과에 대한 이해

간이과세자의 경우에는 거래상대방으로부터 받은 부가가치세 120만 원은 간이과세자 소득으로 하는 대신에 간이과세자가 다른 사업자에게 지급한 부가가치세 584만 원은 반환받지 못하고 국가에 귀속된다는 것을 알 수 있다.

이 경우, 간이과세자가 다른 사업자에게 지급한 부가가치세 584만 원 중에서 거래상대방으로부터 받은 부가가치세 120만 원은 간이과세자의 소득으로 하므로 결국 최종적으로 464만 원은 반환받지 못하고 국가에 귀속된다는 것을 알 수 있다.

간이과세자는 다른 사업자에게 지급한 부가가치세 584만 원은 반환받지 못하고 간이과세자가 거래상대방으로부터 받은 부가가치세 120만 원을 납부하지 않으므로 최종적으로 다른 사업자에게 지급한 부가가치세 584만 원 중에서 464만 원을 부가가치세로 납부하게 된다.(매입세액 584만 원 - 매출세액 120만 원)

그런데 납부세액 계산 결과 사업자가 인테리어 공사 비용, 임대료, 전기요금 등 다른 사업자에게 지급한 부가가치세는 584만 원으로 동일하고, 공급대가의 합계액이 1,320만 원으로 동일하고, 거래상대방으로부터 받은 부가가치세 120만 원도 동일하고 모든 조건이 동일함에도 일반과세자는 다른 사업자에게 지급한 부가가치세 584만 원에 전자신고세액공제 금액 1만 원을 더하여 환급세액으로 585만 원을 반환받는다.

그러나 간이과세자는 다른 사업자에게 지급한 부가가치세 매입세액 584만 원은 반환받지 못하고 간이과세자가 거래상대방으로부터 받은 부가가치세, 매출세액 120만 원을 납부하지 않으므로 최종적으로 다른 사업자에게 지급한 부가가치세, 매입세액 584만 원 중에서 464만 원은 국가에 귀속되어 부가가치세로 납부하게 된다.(매입세액 584만 원 - 매출세액 120만 원)

**결국 일반과세자는 585만 원을 반환받고, 간이과세자는 464만 원을 부가가치세로 납부하게 된다.**

영세한 간이과세자는 매출이 너무 적어 수익이 없고 적자이므로 6개월, 1년, 2년, 3년 이내의 단기간에 폐업하여 이미 미리 국가에 귀속된 부가가치세 464만 원 중에서 일부는 반환받고 일부는 반환받지 못하여 결국 간이과세자는 부가가치세에서 손해를 보게 된다.

### (5) 간이과세자와 일반과세자의 납부세액 계산 결과 비교

위의 납부세액 계산에 따른 결과를 비교해 보면 간이과세자는 거래상대방으로부터 받은 부가가치세 120만 원을 납부하지 않고 간이과세자의 소득이 된다. 그럼에도 불구하고 오히려 순전히 본인의 돈으로 다른 사업자에게 지급한 부가가치세 464만 원이 국가에 귀속

됨으로 인하여 부가가치세 464만 원을 세무서에 납부하고 있는 것을 알 수 있다.

일반과세자는 본인의 돈으로 부가가치세를 전혀 납부하지 않는다.
일반과세자는 다른 사업자에게 지급한 부가가치세는 전액 매입세액 공제를 받거나 환급세액으로 반환받고 거래상대방으로부터 받은 부가가치세만 세무서에 납부한다.

그러나 위에서 살펴본 납부세액 계산에서 거래상대방으로부터 받은 부가가치세 120만 원을 세무서에 납부하지 않은 대신에 다른 사업자에게 지급한 부가가치세 584만 원을 반환받지 못하는 간이과세자는 부가가치세 계산에서 손해가 너무 크다.

간이과세자는 거래상대방으로부터 받은 부가가치세는 세무서에 납부하지 않은 대신에 간이과세자가 다른 사업자에게 지급한 부가가치세는 국가에 귀속되므로 결국, 간이과세자는 거래상대방으로부터 부가가치세 10퍼센트를 받아도 손해라는 것을 알 수 있다.

위와 같이 1개월 공급대가의 합계액 평균이 220만 원이고 임대료 등의 고정 유지비용이 154만 원이고 차량 유지 비용 등 기타 비용 등을 빼고 나면 결국 수익이 없고 적자가 쌓이게 되어 6개월이나 1년 또는 2년, 3년 이내의 단기간에 폐업하게 되어 간이과세자는 거래상대방으로부터 받은 부가가치세보다 다른 사업자에게 지급한 부가가치세를 반환받지 못하고 국가에 귀속되는 부가가치세가 더 많아 간이과세자는 소비자처럼 본인의 돈으로 부가가치세를 부담하고 납부하게 된다.

 간이과세자는 부가가치세 10퍼센트를 받으면 안 된다는 주장은 위와 같은 부가가치세 납부세액 계산 방법과 결과를 잘 모르기 때문이다.

 일반과세자는 6개월 단위로 납부세액을 계산하고 신고하고 납부하지만 여기서는 간이과세자와 비교이므로 1년 단위로 납부세액을 계산하기로 한다.

## 4) 위와 같이 납부세액을 계산한 이후, 1년 동안 운영하고 두 번째 납부세액을 계산하는 경우

 창업 비용의 매입세액은 첫 번째 신고하고 납부하는 때에 이미 납부세액 계산에서 공제하였으므로 여기서는 운영에 따른 매입세액을 공제한다.

- 1년 동안 공급대가 합계액 2,640만 원(월 공급대가 220만 원 × 12개월)
- 매출세액 240만 원(공급가액 2,400만 원 + 부가가치세 240만 원)
- 매입세액 168만 원(임대사업자 등 다른 사업자에게 지급한 부가가치세 168만 원, 월 14만 원 × 12개월)
- 간이과세자가 임대사업자 등 다른 사업자로부터 세금계산서등을 발급받은 공급대가의 세액공제 금액 92,400원

    (임대사업자 등 다른 사업자에게 지급한 154만 원 × 12개월 × 0.5%)
- 현금영수증 발급금액에 대한 세액공제 금액 343,200원

    (현금영수증 발급금액 2,640만 원 × 1.3%)
- 전자신고세액공제 금액 1만 원
- 부동산중개업의 부가가치율 40퍼센트
- 부가가치세 세율 10퍼센트

**매출세액: 240만 원**(20만 원 × 12개월)
**매입세액: 168만 원**(임대사업자 등에게 지급한 부가가치세 14만 원 × 12개월)

**공급대가: 2,640만 원**(220만 원 × 12개월)
**부가가치율: 40퍼센트**
**세율: 10퍼센트**
**세금계산서등을 발급받은 세액공제 92,400원**(154만 원 × 12개월 × 0.5%)

해당 과세기간에 세금계산서등을 발급받은 재화와 용역의 공급대가에 0.5퍼센트를 곱한 금액

92,400원(세금계산서등을 발급받은 공급대가 154만 원 × 12개월 × 0.5%)

### 일반과세자와 간이과세자가 공통으로 적용받는 세액공제

**세액공제: 343,200원**(현금영수증 발급금액 세액공제 2,640만 원 × 1.3%)

**1만 원**(전자신고에 대한 세액공제 1만 원)

### (1) 일반과세자의 납부세액 계산

매출세액 - 매입세액 = 납부(환급)세액 - 현금영수증 발급금액에 대한 세액공제 - 전자신고세액공제 = 차가감 납부(환급)세액

매출세액 240만 원 - 매입세액 168만 원 = 720,000만 원(납부세액) - 현금영수증 발급금액에 대한 세액공제 343,200원 - 전자신고세액공제 1만 원 = 366,800원(차가감 납부세액)

이 경우, 일반과세자는 본인의 돈으로 다른 사업자에게 지급한 부가가치세 168만 원은 전액 반환받고 현금영수증 발급금액에 대한 세액공제 343,200원을 공제받고 전자신고세액공제 1만 원을 공제받아 거래상대방으로부터 받은 부가가치세 240만 원 중에서 최종 납부세액 366,800원을 세무서에 납부한다.

 참고로 최종 납부세액 366,800원은 일반과세자가 거래상대방으로부터 받은 부가가치세, 매출세액 240만 원의 15.29%이다.

**위 계산에서 알 수 있듯이 일반과세자는 본인의 돈으로 납부한 부가가치세는 0원이다.**

일반과세자가 본인의 돈으로 다른 사업자에게 지급하고 다시 반환받은 부가가치세 168만 원에 더하여 현금영수증 발급금액에 대한 세액공제 343,200원과 전자신고세액 1만 원

을 받아 최종적으로 2,033,200원을 반환받는다.

이 경우 일반과세자는 거래상대방으로부터 받은 부가가치세 240만 원 전부를 납부하지 않고 240만 원 중에서 336,800원을 세무서에 납부한다.

일반과세자는 본인의 돈으로 다른 사업자에게 지급한 부가가치세 168만 원은 전부 반환받고 또 현금영수증 발급금액에 대한 세액공제 343,200원을 공제받고 또 전자신고세액공제 1만 원을 공제받아 거래상대방으로부터 받은 부가가치세 매출세액 240만 원 중에서 366,800원을 세무서에 납부함으로써 최종적으로 매입세액 168만 원보다 많은 2,033,200원을 반환받아 부가가치세 계산에서 일반과세자는 전혀 손해가 없고 오히려 이익이라는 것을 알 수 있다.

### (2) 간이과세자의 납부세액 계산

1년 동안의 공급대가의 합계액 × 부가가치율 40% × 세율 10% = 납부세액 - 세금계산서등을 발급받은 공급대가의 세액공제 - 현금영수증 발급금액에 대한 세액공제 - 전자신고세액공제 = 최종 납부세액

1년 동안의 공급대가 합계액 2,640만 원 × 부가가치율 40% × 세율 10% = 1,056,000원(납부세액) - 세금계산서등을 발급받은 공급대가의 세액공제 92,400원 - 현금영수증 발급금액에 대한 세액공제 343,200원 - 전자신고세액공제 1만 원 = 610,400원(최종 납부세액)

최종 납부세액 610,400원은 납부의무 면제 간이과세자이므로 세무서에 납부하지 않는다.

 참고로 1년 동안의 공급대가의 합계액 2,640만 원 × 부가가치율 40% × 세율 10% = 납부세액 1,056,000원은 간이과세자가 거래상대방으로부터 받은 부가가치세 240만 원의 4%가 아니고 44%다.

간이과세자가 거래상대방으로부터 받은 부가가치세 240만 원은 세무서에 납부하지 않고 간이과세자의 소득이 되고 간이과세자가 다른 사업자에게 지급한 부가가치세 168만 원

은 반환받지 못하고 국가에 귀속되므로 결국 간이과세자는 거래상대방으로부터 받은 부가가치세 240만 원 중에서 다른 사업자에게 지급하고 반환받지 못하여 국가에 귀속된 부가가치세 168만 원을 뺀 금액 72만 원은 간이과세자의 소득이 된다.

결국, 첫 번째 계산에서 반환받지 못하고 국가에 귀속되어 간이과세자 본인의 돈으로 납부한 부가가치세 464만 원에 두 번째 계산에서 간이과세자 소득이 된 72만 원을 빼면 여전히 간이과세자는 본인의 돈으로 392만 원의 부가가치세를 부담하고 있다는 것을 알 수 있다.

> 위와 같이 2번의 누적 계산에서 알 수 있듯이 간이과세자는 본인의 돈으로 납부한 누적 부가가치세는 392만 원이다. 즉, 부가가치세 계산에서 간이과세자는 여전히 본인의 돈 392만 원의 손해가 있다.

위와 같은 1년 차의 납부세액 계산이 2년 차, 3년 차에 반복되어 일반과세자는 본인의 돈으로 다른 사업자에게 지급한 부가가치세를 전부 반환받고 거래상대방으로부터 받은 부가가치세는 세무서에 납부하므로 일반과세자는 본인의 돈으로는 부가가치세를 전혀 납부하지 않는다. 즉, 일반과세자는 부가가치세 계산에서 전혀 손해가 없고 오히려 이익이다.

> 간이과세자는 부가가치세 10퍼센트를 받으면 안 된다는 주장은 위와 같은 부가가치세 납부세액 계산 방법을 잘 모르기 때문이다.

### (3) 2년 차, 3년 차의 납부세액 계산 결과

 **가. 2년 차의 경우**

① 일반과세자의 납부세액 계산

매출세액 - 매입세액 = 납부(환급)세액 - 현금영수증 발급금액에 대한 세액공제 - 전자신고세액공제 = 차가감 납부(환급)세액

매출세액 240만 원 - 매입세액 168만 원 = 720,000만 원(납부세액) - 현금영수증 발급금액

에 대한 세액공제 343,200원 - 전자신고세액공제 1만 원 = 366,800원(차가감 납부할 세액)

② 간이과세자의 납부세액 계산

1년 동안의 공급대가의 합계액 × 부가가치율 40% × 세율 10% = 납부세액 - 세금계산서등을 발급받은 공급대가의 세액공제 - 현금영수증 발급금액에 대한 세액공제 - 전자신고세액공제 = 최종 납부세액

1년 동안의 공급대가 합계액 2,640만 원 × 부가가치율 40% × 세율 10% = 1,056,000원(납부세액) - 세금계산서등을 발급받은 공급대가의 세액공제 92,400원 - 현금영수증 발급금액에 대한 세액공제 343,200원 - 전자신고세액공제 1만 원 = 610,400원(최종 납부세액)

최종 납부세액 610,400원은 납부의무 면제 간이과세자이므로 세무서에 납부하지 않는다.

## 나. 3년 차의 경우

① 일반과세자의 납부세액 계산

매출세액 - 매입세액 = 납부(환급)세액 - 현금영수증 발급금액에 대한 세액공제 - 전자신고세액공제 = 차가감 납부(환급)세액

매출세액 240만 원 - 매입세액 168만 원 = 720,000만 원(납부세액) - 현금영수증 발급금액에 대한 세액공제 343,200원 - 전자신고세액공제 1만 원 = 366,800원(차가감 납부할 세액)

② 간이과세자의 납부세액 계산

1년 동안의 공급대가의 합계액 × 부가가치율 40% × 세율 10% = 납부세액 - 세금계산서등을 발급받은 공급대가의 세액공제 - 현금영수증 발급금액에 대한 세액공제 - 전자신고세액공제 = 최종 납부세액

1년 동안의 공급대가 합계액 2,640만 원 × 부가가치율 40% × 세율 10% = 1,056,000원

(납부세액) - 세금계산서등을 발급받은 공급대가의 세액공제 92,400원 - 현금영수증 발급금액에 대한 세액공제 343,200원 - 전자신고세액공제 1만 원 = 610,400원(최종 납부세액)

최종 납부세액 610,400원은 납부의무 면제 간이과세자이므로 세무서에 납부하지 않는다.

위와 같은 1년 차의 납부세액 계산이 2년 차, 3년 차에 반복되어 간이과세자는 2년 차에도 72만 원은 간이과세자의 소득이 되고 3년 차에도 72만 원은 간이과세자의 소득이 된다.

그러나 2년 차에 반환받지 못한 누적 부가가치세 392만 원에서 72만을 빼고 남은 320만 원은 여전히 누적 부가가치세로 납부하고 있고 3년 차에 반환받지 못한 누적 부가가치세 320만 원에서 72만을 빼고 남은 248만 원은 여전히 누적 부가가치세로 납부하고 있다.

결국 2년 차의 누적 부가가치세 손해는 320만 원이고(464만 원 - 1년 차 72만 원 - 2년 차 72만 원), 3년 차 누적 부가가치세 손해는 248만 원(464만 원 - 1년 차 72만 원 - 2년 차 72만 원 - 3년 차 72만 원)이다.

위에서 살펴본 바와 같이 3년 차까지의 부가가치세 계산에서도 간이과세자는 여전히 본인의 돈 248만 원의 손해가 있다.

결국, 3년 운영하고 폐업하는 경우 간이과세자는 처음 본인의 돈으로 다른 사업자에게 지급한 부가가치세 584만 원 중에서 반환받지 못하고 국가에 귀속된 부가가치세 464만 원에 대하여 이후 3년 동안 사업을 운영하면서 거래상대방으로부터 받은 부가가치세 소득으로 충당하지 못하고 결국 248만 원의 부가가치세는 국가에 귀속되어 부가가치세 계산에서 248만 원의 손해를 보고 폐업하게 된다.

결국, 3년 운영하고 폐업한 경우, 일반과세자는 부가가치세 계산에서 전혀 손해를 보지 않고 현금영수증 발급 세액공제 등으로 오히려 이익을 보고 폐업하고 간이과세자는 248만 원의 손해를 보고 폐업하게 된다.

> 위와 같이 3년 차의 누적 계산에서 알 수 있듯이 간이과세자는 본인의 돈으로 납부한 누적 부가가치세는 248만 원이다. 즉, 부가가치세 계산에서 간이과세자는 아직도 본인의 돈 248만 원의 손해가 있다.

위와 같은 1년 차의 납부세액 계산이 2년 차, 3년 차에 반복되어도 일반과세자는 본인의 돈으로 다른 사업자에게 지급한 부가가치세를 전부 반환받고 거래상대방으로부터 받은 부가가치세는 세무서에 납부하므로 일반과세자는 본인의 돈으로는 부가가치세를 전혀 납부하지 않는다.

즉, 일반과세자는 부가가치세 계산에서 전혀 손해가 없고 오히려 현금영수증 발급금액 세액공제 등으로 이익이라는 것을 알 수 있다.

>  간이과세자는 부가가치세 10퍼센트를 받으면 안 된다는 주장은 위와 같은 부가가치세 납부세액 계산 방법과 결과를 잘 모르기 때문이다.

### 5) 3년 동안 사업장을 운영하면서 중간에 인테리어 공사 등을 하는 경우

- 사업자가 인테리어사업자에게 지급한 인테리어 공사 비용 5,500만 원
  [공급가액 5,000만 원 + 부가가치세 500만 원(매입세액)]
- 세금계산서등을 발급받은 공급대가의 세액공제 금액 275,000원
  (인테리어사업자로부터 발급받은 공급대가 5,500만 원 × 0.5%)
- 1년 동안 공급대가 합계액 2,640만 원(월 공급대가 220만 원 × 12개월)
- 매출세액 240만 원(공급가액 2,400만 원 + 부가가치세 240만 원)
- 매입세액 168만 원(임대사업자 등 다른 사업자에게 지급한 부가가치세 168만 원, 월 14만 원 × 12개월)
- 매입세액 합계금액 668만 원(인테리어사업자에게 지급한 부가가치세 500만 원 + 임대사업자 등에게 지급한 부가가치세 168만 원)

- 간이과세자가 세금계산서등을 발급받은 공급대가의 세액공제금액 92,400원
  (임대사업자 등 다른 사업자로부터 발급받은 공급대가 월 154만 원 × 12개월 × 0.5%)
- 간이과세자가 세금계산서등을 발급받은 공급대가의 세액공제 합계금액 367,400원
  (175,000원 + 92,400원)
- 현금영수증 발급금액에 대한 세액공제 금액 343,200원
  (현금영수증 발급금액 2,640만 원 × 1.3%)
- 전자신고세액공제 금액 1만 원
- 부동산중개업의 부가가치율 40퍼센트
- 부가가치세 세율 10퍼센트

**매출세액: 240만 원**(20만 원 × 12개월)
**매입세액: 168만 원**(임대사업자 등에게 지급한 부가가치세 14만 원 × 12개월)
　　　　　**500만 원**(인테리어사업자에게 지급한 부가가치세)

**공급대가: 2,640만 원**(220만 원 × 12개월)
**부가가치율: 40퍼센트**
**세율: 10퍼센트**
**세금계산서등을 발급받은 세액공제 367,400원**(275,000원 + 92,400원)

⊙ 해당 과세기간에 세금계산서등을 발급받은 재화와 용역의 공급대가에 0.5퍼센트를 곱한 금액

　275,000원(세금계산서등을 발급받은 공급대가의 세액공제 5,500만 원 × 0.5%)
　92,400원(세금계산서등을 발급받은 공급대가 세액공제 154만 원 × 12개월 × 0.5%)

**간이과세자 및 일반과세자에게 공통으로 적용되는 세액공제 금액**
　**세액공제: 343,200원**(현금영수증 발급금액 세액공제 2,640만 원 × 1.3%)
　　　　**1만 원**(전자신고에 대한 세액공제 1만 원)

### (1) 일반과세자의 납부세액 계산

매출세액 - 매입세액 = 납부(환급)세액 - 현금영수증 발급금액에 대한 세액공제 - 전자신고세액공제 = 차가감 납부(환급)세액

매출세액 240만 원 - 매입세액 668만 원 = -428만 원(환급세액) - 현금영수증 발급금액에 대한 세액공제 343,200원 - 전자신고세액공제 1만 원 = -4,633,200원(차가감 환급할 세액) + 현금영수증 발급금액에 대한 세액공제 343,200원 = -429만 원(차가감 환급세액)

이 경우, 일반과세자는 본인의 돈으로 다른 사업자에게 지급한 부가가치세 668만 원은 전액 반환받고 더하여 전자신고세액공제 1만 원을 공제받는다.

위 납부세액 계산의 결과 일반과세자는 환급세액 429만 원을 반환받고 거래상대방으로부터 받은 부가가치세 240만 원을 세무서에 납부하지 않게 됨으로써(429만 원 + 240만 원 = 669만 원) 다른 사업자에게 지급한 부가가치세 668만 원을 다시 반환받고 전자신고세액공제 1만 원을 더하여 합계금액 669만 원을 반환받게 된다.

 **위 계산에서 알 수 있듯이 일반과세자는 본인의 돈으로 납부한 부가가치세는 0원이다.**

일반과세자는 본인의 돈으로 다른 사업자에게 지급한 부가가치세 668만 원을 다시 반환받고 전자신고세액 1만 원을 공제받아 최종적으로 669만 원을 반환받는다.

이 경우 일반과세자는 거래상대방으로부터 받은 부가가치세 240만 원은 세무서에 납부한다.

즉, 일반과세자는 본인의 돈으로 다른 사업자에게 지급한 부가가치세 668만 원은 전부 반환받고 더하여 전자신고세액 공제 1만 원을 공제받고 거래상대방으로부터 받은 부가가치세 240만 원은 세무서에 납부함으로써 일반과세자는 본인의 돈으로는 부가가치세를 전혀 납부하지 않는다.

즉, 부가가치세 계산에서 일반과세자는 전혀 손해가 없다.

### (2) 간이과세자의 납부세액 계산

1년 동안의 공급대가의 합계액 × 부가가치율 40% × 세율 10% = 납부세액 - 세금계산서등을 발급받은 공급대가의 세액공제 - 현금영수증 발급금액에 대한 세액공제 - 전자신고세액공제 = 최종 납부세액

1년 동안의 공급대가 합계액 2,640만 원 × 부가가치율 40% × 세율 10% = 1,056,000원(납부세액) - 세금계산서등을 발급받은 공급대가의 세액공제 367,400원 - 현금영수증 발급금액에 대한 세액공제 343,200원 - 전자신고세액공제 1만 원 = 335,400원(최종 납부세액)

최종 납부세액 335,400원은 납부의무 면제 간이과세자이므로 최종 납부세액 335,400원은 납부하지 않아 납부세액은 0원이다.

참고로 1년 동안의 공급대가의 합계액 2,640만 원 × 부가가치율 40% × 세율 10% = 납부세액 1,056,000원은 간이과세자가 거래상대방으로부터 받은 부가가치세 240만 원의 4%가 아니고 44%다.

간이과세자는 다른 사업자에게 지급한 부가가치세 668만 원은 반환받지 못하고 국가에 귀속되고 간이과세자가 거래상대방으로부터 받은 부가가치세 240만 원은 세무서에 납부하지 않고 간이과세자의 소득이 되므로 668만 원에서 240만 원을 뺀 428만 원은 간이과세자 본인의 돈으로 부가가치세를 부담하고 있다.
간이과세자는 본인의 돈으로는 428만 원의 부가가치세를 부담한다.
즉, 간이과세자는 부가가치세 계산에서 428만 원의 손해가 있다.

위에서 살펴본 바와 같이 영업을 하는 중간에 사업장 인테리어 공사 등을 한 경우에도

간이과세자는 본인의 돈으로 428만 원의 부가가치세를 부담하지만 일반과세자는 본인의 돈으로 부가가치세를 전혀 부담하지 않는다는 것을 알 수 있다.

### (3) 일반과세자와 간이과세자의 납부세액 계산 결과 비교

사업장을 운영하면서 3년 차에 인테리어 공사 등을 하고 납부세액을 계산한 결과 일반과세자는 본인의 돈으로는 전혀 부가가치세를 부담하지 않고 다른 사업자에게 지급한 부가가치세 669만 원을 반환받는다.

반면에 간이과세자는 거래상대방으로부터 받은 부가가치세 240만 원을 자신의 소득으로 하는 대신에 다른 사업자에게 지급한 부가가치세 668만 원은 반환받지 못하여 결국 간이과세자는 본인의 돈으로 428만 원의 부가가치세를 부담한다.

**이 경우, 일반과세자가 부담하는 부가가치세는 0원이고 간이과세자가 부담하는 부가가치세는 428만 원이다.**

간이과세자는 부가가치세 10퍼센트를 받으면 안 된다는 주장은 위와 같은 부가가치세 납부세액 계산 방법과 결과를 잘 모르기 때문이다.

# 제3장

# 「부가가치세법」, 「법인세법」, 「소득세법」 등 관련 규정

# 15. 간이과세자에 대한 환급불가 규정

「부가가치세법」 제63조 제6항 규정은 환급 불가 규정이다.

「부가가치세법」 제63조 제6항

제63조(간이과세자의 과세표준과 세액) ⑥ 간이과세자의 경우 제3항, 제4항 및 제46조제1항에 따라 공제하는 금액의 합계액이 각 과세기간의 납부세액을 초과하는 경우에는 그 초과하는 부분은 없는 것으로 본다.

이 규정은 부가가치세의 납부세액을 계산한 결과 세액공제 등의 공제금액이 많아서 납부세액을 초과하여 납부세액이 음수(환급세액)가 된 경우에는 음수(환급세액)는 없는 것으로 본다는 규정이다.

위 규정에서 말하는 초과하는 부분은 음수 세액으로 환급해 주어야 하는 환급세액인데 초과하는 부분은 없는 것으로 본다고 규정하여 0원으로 취급하여 환급세액이 없는 것으로 보아 환급받지 못하는 환급 불가 규정이다.

음수(환급세액)의 경우 0원으로 보아 간이과세자에게 환급해 주지 않는다는 규정이다.

위 환급 불가 규정은 일반과세자의 환급 규정과 구분되는 매우 중요한 규정이다.
이 경우, 공제하는 금액의 합계액이 각 과세기간의 납부세액을 초과하는 경우에는 그 초과하는 부분은 일반과세자는 환급받는다.

일반과세자의 경우 제59조(환급) 규정을 쉽게 확인할 수 있지만 간이과세자의 환급해 주지 않는다는 환급 불가 규정은 확인하기가 쉽지 않고 이해하기도 쉽지 않다(제63조 제6항 규정에서 초과하는 부분은 음수로 환급세액을 말한다).

제7장 제63조 제6항의 환급 불가 규정은 제4장 제37조 및 제6장 제59조의 환급 규정과 충돌하는데 제7장의 간이과세자는 제61조 제1항의 규정에 따라 제4장 제37조 및 제6장 제59조의 환급 규정이 있음에도 불구하고 제63조 제6항의 환급 불가 규정을 적용받아 환급세액이 있어도 반환받지 못한다.

제69조(간이과세자에 대한 납부의무의 면제) 규정도 쉽게 확인할 수 있다.

# 16. 일반과세자에 대한 조기 환급 규정

제59조(환급) ① 납세지 관할 세무서장은 각 과세기간별로 그 과세기간에 대한 환급세액을 확정신고한 사업자에게 그 확정신고기한이 지난 후 30일 이내(제2항 각 호의 어느 하나에 해당하는 경우에는 15일 이내)에 대통령령으로 정하는 바에 따라 환급하여야 한다.

② 제1항에도 불구하고 납세지 관할 세무서장은 다음 각 호의 어느 하나에 해당하여 환급을 신고한 사업자에게 대통령령으로 정하는 바에 따라 환급세액을 조기에 환급할 수 있다.

1. 사업자가 제21조부터 제24조까지의 규정에 따른 영세율을 적용받는 경우
2. 사업자가 대통령령으로 정하는 사업 설비를 신설·취득·확장 또는 증축하는 경우
3. 사업자가 대통령령으로 정하는 재무구조개선계획을 이행 중인 경우

> 이 규정에서 부가가치세 납부세액을 계산한 결과 세액공제 등으로 공제금액이 많아서 납부세액을 초과하여 납부세액이 음수가 된 경우에는 일반과세자는 환급세액을 조기에 반환받을 수 있다는 규정이다.
>
> 즉, 부가가치세 납부세액을 계산한 결과 세액공제 등으로 공제하는 금액의 합계액이 각 과세기간의 납부세액을 초과하는 경우에는 그 초과하는 부분은 일반과세자는 환급받는다는 규정이다(여기서 초과하는 부분은 환급세액을 말한다).

# 17. 간이과세자에 대한 납부의무의 면제 규정

제69조(간이과세자에 대한 납부의무의 면제) ① 간이과세자의 해당 과세기간에 대한 공급대가의 합계액이 4천800만 원 미만이면 제66조 및 제67조에도 불구하고 제63조 제2항에 따른 납부의무를 면제한다.

> 이 규정은 제63조 제2항에 따라 계산한 결과 납부세액이 있더라도 세무서에 납부하지 않고 거래상대방으로부터 받은 부가가치세는 간이과세자의 소득이 된다는 규정이다.

# 18. 간이과세자 납부세액 계산 규정

제63조(간이과세자의 과세표준과 세액) 제2항 간이과세자의 납부세액은 다음의 계산식에 따라 계산한 금액으로 한다.

납부세액 = 제1항에 따른 과세표준 × 직전 3년간 신고된 업종별 평균 부가가치율 등을 고려하여 5퍼센트에서 50퍼센트의 범위에서 대통령령으로 정하는 해당 업종의 부가가치율 × 10퍼센트

> 위 납부세액 계산 규정을 근거로 간이과세자는 해당 과세기간에 대한 공급대가의 합계액이 4천800만 원 이상이면 제63조(간이과세자의 과세표준과 세액) 제2항의 규정의 납부세액의 계산식에 따라 거래상대방으로부터 받은 부가가치세 중에서 4퍼센트 이내의 납부세액을 세무서에 납부하고 나머지 6퍼센트는 간이과세자의 소득이 된다고 주장한다.

# 19. 「부가가치세법」에서 정한 거래징수 및 세율 및 공급가액 규정

### 1) 거래징수 규정

제31조(거래징수) 사업자가 재화 또는 용역을 공급하는 경우에는 제29조제1항에 따른 공급가액에 제30조에 따른 세율을 적용하여 계산한 부가가치세를 재화 또는 용역을 공급받는 자로부터 징수하여야 한다.

이 규정에서 말하는 사업자는 공급가액에 부가가치세 세율 10퍼센트를 적용하여 계산한 부가가치세를 거래상대방으로부터 받아야 한다고 규정하고 있다. 이 규정에서 말하는 사업자는 간이과세자와 일반과세자를 의미한다.

사업자가 거래상대방으로부터 부가가치세를 받는 행위를 거래징수라고 한다.

간이과세자는 제31조(거래징수) 규정에 따라 제29조 제1항의 공급가액에 제30조 세율을 적용하여 계산한 부가가치세를 구분하지 않고, 부가가치세를 별도로 표시하지 않고 공급가액과 부가가치세를 합산한 합계금액을 영수증에 표시한다.

공급가액과 부가가치세를 합산한 금액을 표시하는 합계금액을 공급대가라고 한다.

즉, 공급대가는 부가가치세가 포함된 금액이다.

이 경우, 일반과세자는 공급가액과 부가가치세를 구분하여 별도로 표시하여 세금계산서를 발급한다.

일반과세자가 별도로 표시한 공급가액과 부가가치세를 합산한 합계금액은 간이과세자의 공급대가 금액과 동일하다.

부가가치세를 공급가액과 구분하여 별도로 표시하든 부가가치세를 공급가액과 구분하지 않고 별도로 표시하지 않든 결국 같은 종류의 거래를 하는 경우 거래상대방이 사업자에게 지급하는 합계금액은 같다.

결국 부가가치세를 별도로 표시하는 경우와 부가가치세를 포함하여 표시하는 경우로 표시하는 방법에 차이가 있는 것일 뿐 부가가치세 10퍼센트를 받아야 하는 것은 일반과세자와 간이과세자 모두 동일하다.
따라서 일반과세자와 간이과세자는 표시 방법과 관계없이 거래상대방으로부터 부가가치세 10퍼센트를 받아야 한다.

「부가가치세법」 제36조 제1항 제1호 및 「부가가치세법 시행령」 제73조 제1항 제14호 및 「부가가치세법 시행규칙」 제53조 제5호 규정에 따라 부동산중개업을 하는 일반과세자인 공인중개사는 세금계산서 대신 영수증을 발급해야 한다.

다만, 거래상대방이 사업자등록증을 제시하고 세금계산서를 요구하는 경우 「부가가치세법」 제36조 제3항 규정에 따라 세금계산서를 발급하여야 한다.

「부가가치세법」 제36조(영수증 등) 제1항 제1호 → 「부가가치세법 시행령(대통령령)」 제73조(영수증 등) 제1항 제14호 → 「부가가치세법 시행규칙(기획재정부령)」 제53조(영수증을 발급하는 소비자 대상 사업의 범위) 제5호 부동산중개업

「부가가치세법」 제36조(영수증 등) 제1항 제1호
1. 주로 사업자가 아닌 자에게 재화 또는 용역을 공급하는 사업자로서 대통령령으로 정하는 사업자

「부가가치세법 시행령(대통령령)」 제73조 제1항 제14호
「부가가치세법 시행령」 제73조(영수증 등) ① 법 제36조제1항제1호에서 "대통령령으로

정하는 사업자"란 다음 각 호의 사업을 하는 사업자를 말한다.

14. 주로 사업자가 아닌 소비자에게 재화 또는 용역을 공급하는 사업으로서 기획재정부령으로 정하는 사업

「부가가치세법 시행규칙(기획재정부령)」 제53조 제5호

제53조(영수증을 발급하는 소비자 대상 사업의 범위) 영 제73조제1항제14호에서 "기획재정부령으로 정하는 사업"이란 다음 각 호의 사업을 말한다.

5. 부동산중개업

### 2) 세율 규정

제30조(세율) 부가가치세의 세율은 10퍼센트로 한다.

위 규정에서 정한 부가가치세 세율은 단일세율로 10퍼센트 한 가지다.

### 3) 공급가액 규정

제29조(과세표준) ③ 제1항의 공급가액은 다음 각 호의 가액을 말한다. 이 경우 대금, 요금, 수수료, 그 밖에 어떤 명목이든 상관없이 재화 또는 용역을 공급받는 자로부터 받는 금전적 가치 있는 모든 것을 포함하되, 부가가치세는 포함하지 아니한다.

이 규정에서 공급가액에는 부가가치세는 포함하지 아니한다고 명확하게 규정하고 있다.

⑦ 사업자가 재화 또는 용역을 공급하고 그 대가로 받은 금액에 부가가치세가 포함되어 있는지가 분명하지 아니한 경우에는 그 대가로 받은 금액에 110분의 100을 곱한 금액을 공급가액으로 한다.

이 규정에서는 일반과세자가 발급하는 세금계산서에 부가가치세를 별도로 표시하지 않고 세금계산서에 금액만 표시되어 있어 그 금액에 부가가치세가 포함이 되어 있는지가 분명하지 아니한 경우에는 그 금액에 110분의 100을 곱한 금액을 공급가액으로 하고 나머지 금액을 부가가치세로 분리하여 부가가치세를 징수한다는 것을 알 수 있고 공급가액에는 부가가치세가 포함되어 있지 않다는 것을 확인할 수 있고 공급대가에 부가가치세가 포함되어 있다는 것을 확인할 수 있다.

# 20. 「부가가치세법」에서 정한 공급대가의 개념 규정

## 1) 제63조 제7항의 공급대가 개념

제63조(간이과세자의 과세표준과 세액) ⑦ 제68조제1항에 따라 결정 또는 경정하거나 「국세기본법」 제45조에 따라 수정신고한 간이과세자의 해당 연도의 공급대가의 합계액이 제61조제1항에 따른 금액 이상인 경우 대통령령으로 정하는 과세기간의 납부세액은 제2항에도 불구하고 제37조를 준용하여 계산한 금액으로 한다. 이 경우 공급가액은 공급대가에 110분의 100을 곱한 금액으로 하고, 매입세액을 계산할 때에는 세금계산서등을 받은 부분에 대하여 제3항에 따라 공제받은 세액은 매입세액으로 공제하지 아니한다.

> 이 규정에서 공급대가에서 공급가액과 부가가치세를 분리하는 계산방법을 규정하고 있다.
> 즉, 공급대가 × 100 ÷ 110 = 공급가액이고 나머지는 부가가치세이다.
> 위 규정에서 공급대가는 공급가액 더하기 부가가치세이다.
> 공급대가는 공급가액에 부가가치세 세율 10퍼센트를 적용하여 계산한 부가가치세를 너안 금액이라는 것을 확인할 수 있다.

예를 들어 공급대가를 33만 원이라고 할 때 공급대가 33만 원 × 100 ÷ 110 = 30만 원은 공급가액이고 나머지 3만 원은 공급가액 30만 원에 부가가치세 세율 10퍼센트를 적용하여 계산한 부가가치세이다.

따라서 간이과세자는 거래상대방으로부터 당연히 부가가치세 10퍼센트를 받아야 하는 것이다.

## 2) 제63조 제3항 제1호의 공급대가 개념

제63조(간이과세자의 과세표준과 세액) ③ 간이과세자가 다른 사업자로부터 세금계산서 등을 발급받아 대통령령으로 정하는 바에 따라 제54조제1항에 따른 매입처별 세금계산서합계표 또는 대통령령으로 정하는 신용카드매출전표등 수령명세서를 납세지 관할 세무서장에게 제출하는 경우에는 다음 각 호에 따라 계산한 금액을 과세기간에 대한 납부세액에서 공제한다. 다만, 제39조에 따라 공제되지 아니하는 매입세액은 그러하지 아니하다.

1. 해당 과세기간에 세금계산서등을 발급받은 재화와 용역의 공급대가에 0.5퍼센트를 곱한 금액

> 세금계산서를 발급할 때 「부가가치세법」 제32조(세금계산서 등) 제1항 제3호 규정에 따라 세금계산서에는 공급가액과 별도로 부가가치세를 표시한다.
>
> 위 제63조 제3항 제1호 규정에서 해당 과세기간에 세금계산서등을 발급받은 재화와 용역의 공급대가에 0.5퍼센트를 곱한 금액을 공제한다고 한다.
>
> 위 「부가가치세법」 제63조 제3항 제1호 규정은 간이과세자의 매입세액 공제 규정이다.
>
> 위 제63조 제3항 제1호 규정에서 간이과세자가 발급받은 세금계산서에 표시된 공급가액에 부가가치세를 더한 합계금액이 공급대가임을 알 수 있다.
>
> 공급대가는 공급가액에 부가가치세를 합산한 금액으로 공급대가는 부가가치가 포함된 금액임을 알 수 있다.

## 3) 「부가가치세법」 제2조 제4호 공급대가 개념

「부가가치세법」 제2조(정의) 4. "간이과세자"(簡易課稅者)란 제61조제1항에 따라 직전 연도의 재화와 용역의 공급에 대한 대가(부가가치세가 포함된 대가를 말한다. 이하 "공급대가"라 한다)의 합계액이 대통령령으로 정하는 금액에 미달하는 사업자로서, 제7장에 따라 간편한 절차로 부가가치세를 신고·납부하는 개인사업자를 말한다.

이 규정에서 공급대가는 부가가치세가 포함된 대가를 말한다고 규정하고 있다.

「부가가치세법」에서 정한 부가가치세는 단일세율로 10퍼센트이다.

따라서 여기서 말하는 공급대가에 포함된 부가가치세는 당연히 10퍼센트이다. 공급대가는 공급가액에 부가가치세를 더한 금액이다.

공급대가는 공급가액에 부가가치세 세율 10퍼센트를 적용하여 계산한 부가가치세를 더한 금액이다.

따라서 간이과세자는 거래상대방으로부터 당연히 부가가치세 10퍼센트를 받아야 하는 것이다.

# 21. 사업자, 간이과세자, 일반과세자, 과세사업의 정의 규정

제2조(정의) 이 법에서 사용하는 용어의 뜻은 다음과 같다.

3. "사업자"란 사업 목적이 영리이든 비영리이든 관계없이 사업상 독립적으로 재화 또는 용역을 공급하는 자를 말한다.

4. "간이과세자"(簡易課稅者)란 제61조제1항에 따라 직전 연도의 재화와 용역의 공급에 대한 대가(부가가치세가 포함된 대가를 말한다. 이하 "공급대가"라 한다)의 합계액이 대통령령으로 정하는 금액에 미달하는 사업자로서, 제7장에 따라 간편한 절차로 부가가치세를 신고·납부하는 개인사업자를 말한다.

5. "일반과세자"란 간이과세자가 아닌 사업자를 말한다.

6. "과세사업"이란 부가가치세가 과세되는 재화 또는 용역을 공급하는 사업을 말한다.

> 여기서 제2장 제4호 간이과세자는 제4장 제31조(거래징수) 규정에 따라 거래상대방으로부터 받은 부가가치세를 제7장에 따라 간편한 절차로 부가가치세를 신고·납부하는 개인사업자를 말한다. 즉, 납부세액 계산을 간편하게 하고 신고와 납부를 간편한 절차로 하는 것이다.

# 22. 「부가가치세법」에서 정한 과세기간의 종류

제5조(과세기간) ① 사업자에 대한 부가가치세의 과세기간은 다음 각 호와 같다.
1. 간이과세자: 1월 1일부터 12월 31일까지
2. 일반과세자

| 구분 | 부가가치율 |
|---|---|
| 제1기 | 1월 1일부터 6월 30일까지 |
| 제2기 | 7월 1일부터 12월 31일까지 |

> 부가가치세를 계산하는 종료 시점이 되는 과세기간의 마지막 날이 중요하다
> 일반과세자의 과세기간 1기 마지막 날은 6월 30일까지이고 2기 마지막 날은 12월 31일까지이다.
> 간이과세자는 창업을 언제 하였든지 관계없이 과세기간의 마지막 날은 12월 31일까지이다.

# 23. 「부가가치세법」제7장 제61조 제1항에서 정한 간이과세자 적용 범위의 의미

「부가가치세법」제2조(정의) 4. "간이과세자"(簡易課稅者)란 제61조제1항에 따라 직전 연도의 재화와 용역의 공급에 대한 대가(부가가치세가 포함된 대가를 말한다. 이하 "공급대가"라 한다)의 합계액이 대통령령으로 정하는 금액에 미달하는 사업자로서, 제7장에 따라 간편한 절차로 부가가치세를 신고·납부하는 개인사업자를 말한다.

>  간이과세자는 제31조(거래징수) 규정에 따라 받은 부가가치세를 제4장 제37조의 복잡한 납부세액 계산 규정이 있음에도 불구하고 제7장 제63조의 간편한 납부세액 계산 규정을 적용받아 계산한 다음 부가가치세 납부세액을 세무서에 신고·납부한다.

제61조(간이과세의 적용 범위) ① 직전 연도의 공급대가의 합계액이 8천만 원부터 8천만 원의 130퍼센트에 해당하는 금액까지의 범위에서 대통령령으로 정하는 ㉠ 금액에 미달하는 개인사업자는 ㉡ 이 법에서 달리 정하고 있는 경우를 제외하고는 ㉢ 제4장부터 제6장까지의 규정에도 불구하고 이 장의 규정을 적용받는다.

㉠ 금액에 미달하는 사업자

직전 연도의 공급대가의 합계액이 8천만 원부터 8천만 원의 130퍼센트에 해당하는 금액까지의 범위에서 대통령령으로 정하는 금액에 미달하는 개인사업자는 '간이과세자'로 사업자등록을 할 수 있다는 요건이다.

이 경우, 개인사업자는 간이과세자로 사업자등록을 하지 않고 일반과세자로 사업자등록을 해도 상관없다.

직전 연도의 공급대가의 합계액이 8천만 원부터 8천만 원의 130퍼센트에 해당하는 금액까지의 범위에서 대통령령으로 정하는 금액에 미달하는 개인사업자는 자유롭게 일반과세자로 사업자등록을 할 수 있고 간이과세자로 사업자등록을 할 수 있다.

공급대가는 공급가액에 부가가치세를 합한 금액이다.

> 직전 연도의 공급대가의 합계액이 4,800만 원에 미달하거나 4,800만 원 이상부터 1억 4백만 원에 미달하는 금액일 경우, '일반과세자'로 사업자등록을 신청하면 부가가치세 10%를 받고 '간이과세자'로 사업자등록을 신청하면 부가가치세 10%를 받지 못한다면 도대체 어느 개인사업자가 '간이과세자'로 사업자등록을 신청하겠는가?

ⓒ 이 법에서 달리 정하고 있는 경우를 제외하고는

"이 법에서 달리 정하고 있는 경우를 제외하고는"의 의미는 제7장에서 정한 규정이 없고 이 법, 즉 「부가가치세법」에서 달리 정한 규정이 있는 경우에는 이 법에서 달리 정한 규정을 적용받는다는 의미이다.

즉, 제7장에서 정한 규정이 없고 이 법에서 달리 정하고 있는 규정 제4장 제30조(세율), 제31조(거래징수), 제36조(영수증 등), 제46조(신용카드 등의 사용에 따른 세액공제 등) 등의 규정은 간이과세자도 적용받는다는 것이다.

제4장 제30조(세율), 제31조(거래징수), 제36조(영수증 등), 제46조(신용카드 등의 사용에 따른 세액공제 등) 규정은 일반과세자와 간이과세자가 공통으로 적용받는 규정이다.

ⓒ 제4장부터 제6장까지의 규정에도 불구하고 이 장의 규정을 적용받는다.

제4장부터 제6장까지의 규정 중에서 제7장의 규정에 정함이 없으면 제4장부터 제6장까지의 규정을 적용받고 제4장부터 제6장까지의 규정 중에서 제7장에서 정한 규정과 충돌이 있는 경우에는 제4장부터 제6장까지의 규정에도 불구하고 제7장의 규정을 적용받는다.

### ⊙ "불구하고"의 의미

제31조(거래징수) 규정에 따라 받은 부가가치세 계산에 대하여 제4장 제37조(납부세액 계산 등) 규정이 있음에도 불구하고 간이과세자는 제7장의 제63조 납부세액 계산 규정을 적용받는다는 것이다.

또 제4장 제37조 및 제6장 제59조의 환급 규정이 있음에도 불구하고 간이과세자는 제7장 제63조 제6항 환급은 없다는 규정을 적용받아 환급세액이 있어도 환급을 받지 못한다는 것이다.

제4장부터 제6장까지의 규정은 "적용 불가"라고 규정하지 않고, 제4장부터 제6장까지의 규정에도 "불구하고"라고 규정하였다.

제61조(간이과세의 적용 범위) ① 직전 연도의 공급대가의 합계액이 8천만 원부터 8천만 원의 130퍼센트에 해당하는 금액까지의 범위에서 대통령령으로 정하는 금액에 미달하는 개인사업자는 이 법에서 달리 정하고 있는 경우를 제외하고는 제4장부터 제6장까지의 규정에도 불구하고 이 장의 규정을 적용받는다

시행령(대통령령) 제109조(간이과세의 적용 범위) ① 법 제61조제1항 본문 및 제62조제1항에서 "대통령령으로 정하는 금액"이란 1억 4백만 원을 말한다.

> 위 규정에서 말하는 "이 법에서 달리 정하고 있는 경우를 제외하고는"의 의미에서 이 법은 「부가가치세법」을 말하고 「부가가치세법」 제7장 제61조(간이과세의 적용 범위) 제1항의 규정은 「부가가치세법」 제7장의 규정과 「부가가치세법」 제4장부터 제6장까지의 규정이 충돌하는 경우에는 「부가가치세법」 제7장 규정을 적용받고 「부가가치세법」 제7장에 규정이 없는 경우에는 ― 「부가가치세법」 제7장이 제4장부터 제6장의 규정과 충돌하지 않는 경우에는 ― 「부가가치세법」 제7장에서 정한 간이과세자는 「부가가치세법」 제4장부터 제6장까지의 규정을 적용받는다는 의미이다.

대표적으로 충돌하는 규정은 제4장 제37조(납부세액 등의 계산) 규정과 제7장 제63조(간이과세자의 과세표준과 세액) 간이과세자의 납부세액 계산 규정이다.

이 경우, 제4장 제37조(납부세액 등의 계산) 규정에도 불구하고 간이과세자는 제7장 제63조(간이과세자의 과세표준과 세액) 규정을 적용받아 납부세액을 계산하여야 한다는 것이다.

또한 제7장 제63조 제6항의 환급 불가 규정은 제4장 제37조 및 제6장 제59조의 환급 규정과 충돌하는데, 즉 제4장 제37조 및 제6장 제59조의 환급 규정이 있음에도 불구하고 제7장의 간이과세자는 제61조 제1항의 규정에 따라 제63조 제6항의 환급 불가 규정을 적용받는다.

다음으로 제7장에는 규정이 없고 제4장부터 제6장에는 규정이 있는 경우, 즉 제7장과 충돌하지 않는 경우 제7장에서 정한 간이과세자가 적용받는 제4장부터 제6장까지의 여러 규정 중에서 우선 아래 24. 영수증 규정과 25. 간이과세자와 일반과세자가 공통으로 적용받는 세액공제 규정을 확인해 보기로 한다.

# 24. 제7장에서 제61조 제1항에서 정한 간이과세자가 적용받는 제4장 영수증 규정

제4장 제36조(영수증 등) ① 제32조에도 불구하고 다음 각 호의 어느 하나에 해당하는 자가 재화 또는 용역을 공급(부가가치세가 면제되는 재화 또는 용역의 공급은 제외한다)하는 경우에는 제15조 및 제16조에 따른 재화 또는 용역의 공급시기에 대통령령으로 정하는 바에 따라 그 공급을 받은 자에게 세금계산서를 발급하는 대신 영수증을 발급하여야 한다.

  1. 주로 사업자가 아닌 자에게 재화 또는 용역을 공급하는 사업자로서 대통령령으로 정하는 사업자

  2. 간이과세자 중 다음 각 목의 어느 하나에 해당하는 자

  가. 직전 연도의 공급대가의 합계액(직전 과세기간에 신규로 사업을 시작한 개인사업자의 경우 제61조제2항에 따라 환산한 금액)이 4천800만 원 미만인 자

  나. 신규로 사업을 시작하는 개인사업자로서 제61조제4항에 따라 간이과세자로 하는 최초의 과세기간 중에 있는 자

② 제32조에도 불구하고 「전기사업법」 제2조제2호에 따른 전기사업자가 산업용이 아닌 전력을 공급하는 경우 등 대통령령으로 정하는 경우 해당 사업자는 영수증을 발급할 수 있다. 이 경우 해당 사업자가 영수증을 발급하지 아니하면 세금계산서를 발급하여야 한다.

③ 제1항 및 제2항에도 불구하고 재화 또는 용역을 공급받는 자가 사업자등록증을 제시하고 세금계산서의 발급을 요구하는 경우로서 대통령령으로 정하는 경우에는 세금계산서를 발급하여야 한다.

④ 제1항 및 제2항에도 불구하고 영수증을 발급하는 사업자는 금전등록기를 설치하여 영수증을 대신하여 공급대가를 적은 계산서를 발급할 수 있다. 이 경우 사업자가 계산서를 발급하고 해당 감사테이프를 보관한 경우에는 제1항에 따른 영수증을 발급하고 제71조에

따른 장부의 작성을 이행한 것으로 보며, 현금수입을 기준으로 부가가치세를 부과할 수 있다.

⑤ 제46조제1항에 따른 신용카드매출전표등은 제1항에 따른 영수증으로 본다.

⑥ 영수증 및 계산서의 기재사항 및 작성 등에 필요한 사항은 대통령령으로 정한다.

위에서 살펴본 바와 같이 제4장 제36조 영수증 규정은 7장 제61조 제1항에서 정한 간이과세자와 일반과세자가 공통으로 적용받고 있다.

그 이유는 제7장에는 영수증 규정이 없기 때문이다. 제4장 규정이 제7장의 규정과 충돌하지 않기 때문이다.

# 25. 제7장 제61조 제1항에서 정한 간이과세자가 적용받는 제4장 세액공제 규정

제4장 제46조(신용카드 등의 사용에 따른 세액공제 등) ① 제1호에 해당하는 사업자가 부가가치세가 과세되는 재화 또는 용역을 공급하고 제34조제1항에 따른 세금계산서의 발급시기에 제2호에 해당하는 거래증빙서류(이하 이 조에서 "신용카드매출전표등"이라 한다)를 발급하거나 대통령령으로 정하는 전자적 결제수단에 의하여 대금을 결제받는 경우에는 제3호에 따른 금액을 납부세액에서 공제한다.

1. 사업자: 다음 각 목의 어느 하나에 해당하는 사업자

가. 주로 사업자가 아닌 자에게 재화 또는 용역을 공급하는 사업으로서 대통령령으로 정하는 사업을 하는 사업자(법인사업자와 직전 연도의 재화 또는 용역의 공급가액의 합계액이 대통령령으로 정하는 금액을 초과하는 개인사업자는 제외한다)

나. 제36조제1항제2호에 해당하는 간이과세자

2. 거래증빙서류: 다음 각 목의 어느 하나에 해당하는 서류

가. 「여신전문금융업법」에 따른 신용카드매출전표

나. 「조세특례제한법」 제126조의3에 따른 현금영수증

다. 그 밖에 이와 유사한 것으로 대통령령으로 정하는 것

3. 공제금액(연간 500만 원을 한도로 하되, 2026년 12월 31일까지는 연간 1천만 원을 한도로 한다): 발급금액 또는 결제금액의 1퍼센트(2026년 12월 31일까지는 1.3퍼센트로 한다).

▶ 위에서 살펴본 바와 같이 제4장 제46조 규정은 제7장 제61조 제1항에서 정한 간이과세자와 일반과세자가 공통으로 적용받고 있다. 그 이유는 제7장에는 세액공제 규정이 없기 때문이다. 제4장 규정이 제7장 규정과 충돌하지 않기 때문이다.

▶ 위에서 살펴본 바와 같이 위 규정은 간이과세자와 일반과세자가 공통으로 적용받는 규정으로 제7장에 규정이 없는 경우에는 제4장의 규정은 제7장 제61조 제1항에서 정한 간이과세자도 적용받고 있다는 것을 확인할 수가 있다.

제7장의 규정에는 거래징수 규정이 없다. 따라서 간이과세자는 당연히 제4장 제31조(거래징수) 규정을 적용받아야 한다는 것을 알 수가 있다.

제4장 제31조(거래징수) 규정에 따라 간이과세자는 거래상대방으로부터 부가가치세를 거래징수하고 납부세액 계산은 제4장 제37조 납부세액 계산 규정이 있음에도 불구하고 제7장 제63조에서 정한 납부세액 계산 규정에 따라 간이과세자의 납부세액을 계산하여야 한다는 것을 알 수가 있다.

# 26. 영수증의 서식 고시

제1조 (목적) 이 고시는 「부가가치세법」 제36조제6항 및 같은법 시행령 제73조제7항에서 국세청장에게 위임한 영수증의 서식에 관한 사항을 정하는 것을 그 목적으로 한다.

2조 (구분 표시하여야 하는 경우) 국세청고시 제2024-4호(2024.2.1)에 의하여 영수증에 공급가액과 부가가치세액을 구분 표시하여야 하는 경우는 다음과 같다.

### 공급가액과 부가가치세액을 구분 표시하는 경우 영수증

| | |
|---|---|
| 부가세 면세 물품가액 | |
| 부가세 과세 물품가액 | |
| 부가세 | |
| 합계 | |

| 금액 | | | 백 | | | 천 | | | 원 |
|---|---|---|---|---|---|---|---|---|---|
| | ₩ | | | | | | | | |
| 부가세 V.A.T | ₩ | | | | | | | | |
| 봉사료 S/C | ₩ | | | | | | | | |
| 합계 TOTAL | ₩ | | | | | | | | |

3조 (구분 표시하지 아니하는 경우) ① 공급가액과 부가가치세액을 구분 표시하지 아니하는 경우 영수증의 서식은 별지 서식을 사용한다. 이 경우 공급대가로 표기한다.

영수증은 공급가액과 부가가치세를 구분하지 않고 공급가액과 부가가치세를 합산하여 공급대가로 표시하는 경우가 있고, 공급가액과 부가가치세를 구분하여 표시하는 경우가 있다.

**공급가액과 부가가치세를 구분 표시하지 아니하는 경우 영수증의 서식**

[별지 서식]　　　　　　　　　　　　　　　　　　　　　　　　　　　　　적 색

| 0303-1B | 영수증<br>(공급자용) | | | | | | | | 201 … | |
|---|---|---|---|---|---|---|---|---|---|---|
| 근거 : 부가가치세법 시행령 제73조제7항 ||||||||||||
| 공급자 | 등 록 번 호 ||||||||||
| | 상　　호 | | | | | 성명 | | | | |
| | 사업장주소 ||||||||||
| | 업　　태 | | | | | 종목 | | | | |
| 작성 | | | 공급대가 ||||||| 비고 | |
| 년 | 월 | 일 | 억 | 천 | 백 | 십 | 만 | 천 | 백 | 십 | 일 | |
| 품목 | | 단가 | | 수량 | | 공급대가 |||||
| | | | | | | |||||
| | | | | | | |||||
| | | | | | | |||||
| 위 금액을 영수(청구)함.<br><br>　　　　　　　　　　　　　　　　귀하 ||||||||||||

[별지 서식] 청색

| 0303-1B | 영수증<br>(공급받는 자용) | | 201 … |
|---|---|---|---|
| 근거 : 부가가치세법 시행령 제73조제7항 ||||

| 공급자 | 등록번호 | | | |
|---|---|---|---|---|
| | 상 호 | | 성명 | |
| | 사업장주소 | | | |
| | 업 태 | | 종목 | |

| 작성 | 공급대가 | 비고 |
|---|---|---|
| 년 월 일 | 억 천 백 십 만 천 백 십 일 | |
| | | |

| 품목 | 단가 | 수량 | 공급대가 |
|---|---|---|---|
| | | | |
| | | | |
| | | | |
| | | | |

위 금액을 영수(청구)함.

귀하

# 27. 「부가가치세법 시행령」 제111조 제1항의 공급가액을 공급대가로 보는 이유

### 1) 「부가가치세법 시행령」 제111조 제1항

「부가가치세법 시행령」 제111조(간이과세자의 과세표준 및 세액의 계산) ① 간이과세자에 대한 과세표준의 계산에 관하여는 제59조부터 제66조까지의 규정을 준용한다. 이 경우 "공급가액"은 "공급대가"로 본다.

「부가가치세법 시행령」 제111조제1항의 '공급가액'은 '공급대가'로 본다는 규정은 모든 사업자에게 적용하는 규정이 아니다. 「부가가치세법 시행령」 제59조부터 제66조까지의 규정에 해당하는 사업자만 적용받는 규정이다.

「부가가치세법 시행령」 제59조부터 제66조까지의 규정 중에서 제65조는 임대사업자만 적용받는 규정으로 임대보증금을 간주임대료로 보는 등 일반적인 거래가 아닌 매우 특수한 경우에 적용받는 규정이다.

위 「부가가치세법 시행령」 제65조는 임대사업자만 적용받는 특수한 경우다.

### 2) 공급가액을 공급대가로 보는 8가지 규정

「부가가치세법 시행령」 제59조부터 제66조까지의 규정은 다음과 같다.

제59조(외화의 환산)

제60조(취득가액 등을 기준으로 한 공급가액)

제61조(외상거래 등 그 밖의 공급가액의 계산)

제62조(시가의 기준)

제63조(과세사업과 면세사업등에 공통으로 사용된 재화의 공급가액 계산)

제64조(토지와 건물 등을 함께 공급하는 경우 건물 등의 공급가액 계산)

제65조(부동산 임대용역의 공급가액 계산)

제66조(감가상각자산 자가공급 등의 공급가액 계산)

# 28. 공급가액을 공급대가로 보는 부동산 임대용역의 공급가액 계산

「부가가치세법 시행령」 제65조(부동산 임대용역의 공급가액 계산) 규정은 임대사업자만 적용받는 규정이다.

수시로 팔고 사는 거래를 하는 것이 아니라 고정되어 있는 임대보증금에 대하여 부가가치세를 부과할 때 임대보증금에 대한 계산을 한 결과 금액에 대하여 임대사업자가 일반과세자일 때는 공급가액으로 보고 임대사업자가 간이과세자일 때는 공급대가로 본다는 규정으로 임대사업자만 적용받는 규정이다.

예를 들어, 「부가가치세법 시행령」 제65조(부동산 임대용역의 공급가액 계산) ① 법 제29조 제10항 제1호에 따라 전세금이나 임대보증금을 받는 경우에는 법 제29조 제3항 제2호에 따른 금전 외의 대가를 받는 것으로 보아 다음 계산식에 따라 계산한 금액을 공급가액으로 한다.

여기서 임대사입자가 간이과세자일 경우에는 「부가가치세법 시행령」 제111조 제1항의 규정에 따라 위 「부가가치세법 시행령」 제65조(부동산 임대용역의 공급가액 계산) 규정의 공급가액은 공급대가로 본다.

위 제65조(부동산 임대용역의 공급가액 계산) 규정을 살펴보면 본래 전세금이나 임대보증금은 그 자체로는 용역의 공급에 대한 대가가 아니므로 과세표준에 포함될 수 없다.

그러나 이를 방치하면 전세금이나 임대보증금을 받는 경우와 임대료를 받는 경우 사이에 과세형평이 불공평하게 되므로 이를 방지하기 위해 그 임대용역이 시가로 볼 수 있는 전세금이나 임대보증금에 대한 '정기예금이자 해당액을 공급가액(간주임대료)'으로 한다.

「부가가치세법 시행령」 제111조 제1항은 부가가치세 10%를 거래징수하지 않는 전세금이나 보증금 등에 임대사업자만 적용받는 규정이고, 부가가치세 10%를 거래징수 하는 일반적인 거래나 일반적인 사업자는 적용받지 않는 규정이다.

임대사업자만 적용받는 규정으로 일반과세자 임대사업자 또는 간이과세자 임대사업자가 똑같이 임대보증금으로 2천만 원을 받고 월 임대료 1백만 원을 받는 경우 「부가가치세법 시행령」 제65조의 임대보증금 및 월 임대료의 공급가액 및 과세표준은 아래와 같다.

**공급가액(간주임대료) = 해당기간의 전세금 또는 임대보증금 × 정기예금이자율 × 과세대상기간의 일수 / 365(윤년에는 366)**

예를 들어 정기예금이자율이 1%와 윤년(366)의 경우를 적용하여 계산한 임대사업자의 임대보증금 2천만 원의 과세표준은 아래와 같다.

**가. 임대사업자가 일반과세자일 경우 과세기간은 1월 ~ 6월(1기분), 7월 ~ 12월(2기분)이다**

2천만 원 × 1% × 183 / 366 = 100,000원(1월 1일 ~ 6월 30일 1기분)

2천만 원 × 1% × 183 / 366 = 100,000원(7월 1일 ~ 12월 31일 2기분)

1기분 + 2기분 일반과세자의 임대보증금의 과세표준은 20만 원이다. 이 경우 일반과세자이므로 20만 원은 공급가액이 된다.

이 경우, 일반과세자인 임대사업자의 임대보증금 과세표준은 20만 원이고 공급가액이다. 일반과세자 임대사업자의 월 임대료의 공급가액의 합계액은 임대료 합계액 1,200만 원이다. 일반과세자 임대사업자의 임대보증금 및 월 임대료의 과세표준은 공급가액의 합계액이다. 일반과세자 임대사업자의 과세표준은 1,220만 원이다.

[월 임대료 합계액 1,200만 원 + 임대보증금의 과세표준 공급가액 20만 원 = 1,220만 원(1,200만 원 + 20만 원 = 1,220만 원)]

## 나. 임대사업자가 간이과세자일 경우 해당 과세기간은 1년이다

임대보증금 2천만 원에 대하여 「부가가치세법 시행령」 제111조에서 제59조부터 66조까지 공급가액은 공급대가로 본다고 했으므로 임대보증금 2천만 원의 간이과세자 임대사업자의 과세표준은 20만 원이고 이 경우 20만 원은 공급대가이다.

2천만 원 × 1% × 366 / 366 = 200,000원(1월 1일 ~ 12월 31일)

임대보증금의 과세표준은 20만 원이다.

이 경우, 간이과세자이므로 과세표준 20만 원은 공급대가이다.

간이과세자 임대사업자의 임대보증금 과세표준은 20만 원이고 공급대가이다.

간이과세자 임대사업자의 임대보증금 및 월 임대료의 과세표준은 공급대가의 합계액이다.

간이과세자 임대사업자의 월 임대료의 공급대가의 합계액은 임대료 합계액 1,320만 원이다.

간이과세자 임대사업자의 월 임대료의 공급대가의 합계액은 1,320만 원이다.

[월 임대료(공급가액) 합계액 1,200만 원 + 부가가치세(매출세액) 합계액 120만 원]

간이과세자 임대사업자의 임대보증금 및 월 임대료의 과세표준의 공급대가의 합계액은 1,340만 원이다.

공급대가의 합계액 월 임대료(공급가액) 합계액 1200만 원 + 부가가치세(매출세액) 합계액 120만 원 + 임대보증금의 과세표준 공급대가 20만 원 = 1,340만 원이다.(1,200만 원 + 120만 원 + 20만 원 = 1,340만 원)

「부가가치세법 시행령」 제59조부터 제66조까지의 규정에서 정한 제65조 규정 전세금 또는 임대보증금은 임대사업자만 적용받는 규정이고 일반적인 사업자는 적용받는 규정이 아니다.

# 29. 부동산 임대용역의 공급가액 계산 규정

제65조(부동산 임대용역의 공급가액 계산) ① 법 제29조제10항제1호에 따라 전세금이나 임대보증금을 받는 경우에는 법 제29조제3항제2호에 따른 금전 외의 대가를 받는 것으로 보아 다음 계산식에 따라 계산한 금액을 공급가액으로 한다. 이 경우 국가나 지방자치단체의 소유로 귀속되는 지하도의 건설비를 전액 부담한 자가 지하도로 점용허가(1차 무상점용기간으로 한정한다)를 받아 대여하는 경우에 기획재정부령으로 정하는 건설비상당액은 전세금이나 임대보증금으로 보지 아니한다.

$$공급가액 = 해당기간의\ 전세금\ 또는\ 임대\ 보증금 \times 과세대상\ 기간의\ 일수 \times \frac{계약기간\ 1년의\ 정기예금\ 이자율\ (해당\ 예정신고기간\ 또는\ 과세기간\ 종료일\ 현재)}{365(윤년에는\ 366)}$$

② 사업자가 부동산을 임차하여 다시 임대용역을 제공하는 경우에는 제1항의 계산식 중 "해당 기간의 전세금 또는 임대보증금"을 "해당 기간의 전세금 또는 임대보증금 - 임차 시 지급한 전세금 또는 임차보증금"으로 한다. 이 경우 임차한 부동산 중 직접 자기의 사업에 사용하는 부분이 있는 경우 임차 시 지급한 전세금 또는 임차보증금은 다음 계산식에 따른 금액을 제외한 금액으로 한다.

$$공급가액 \times \frac{\text{예정신고기간 또는 과세기간 종료일 현재 직접 자기의 사업에 사용하는 면적}}{\text{예정신고기간 또는 과세기간 종료일 현재 임차한 부동산의 총면적}}$$

③ 제1항과 제2항의 경우에 사업자가 계약에 따라 전세금이나 임대보증금을 임대료에 충당하였을 때에는 그 금액을 제외한 가액을 전세금 또는 임대보증금으로 한다.

④ 법 제29조제10항제2호에 따라 과세되는 부동산 임대용역과 면세되는 주택 임대용역을 함께 공급하여 그 임대구분과 임대료 등의 구분이 불분명한 경우에는 다음 각 호의 계산식을 순차로 적용하여 공급가액을 계산한다.

1.

$$\text{임대료 등의 대가 및 제항에 따라 계산한 금액} \times \frac{\text{토지가액 또는 건물가액}}{\text{토지가액과 정착된 건물가액의 합계액}} = \text{토지분에 대한 임대료 상당액 또는 건물분에 대한 임대료 상당액}$$

2.

$$\text{제1호에 따른 금액} \times \frac{\text{과세되는 토지 임대 면적}}{\text{총토지임대면적}} = \text{토지임대공급가액}$$

3.

$$\text{제1호에 따른 금액} \times \frac{\text{과세되는 건물임대면적}}{\text{총건물임대면적}} = \text{건물임대공급가액}$$

⑤ 법 제29조제10항제3호에 따라 사업자가 둘 이상의 과세기간에 걸쳐 부동산 임대용역을 공급하고 그 대가를 선불이나 후불로 받는 경우에는 해당 금액을 계약기간의 개월 수로 나눈 금액의 각 과세대상기간의 합계액을 공급가액으로 한다. 이 경우 개월 수의 계산에 관하여는 제61조제2항제6호 후단을 준용한다.

⑥ 제1항부터 제5항까지에서 규정한 사항 외에 부동산 임대용역의 공급가액 계산에 필요한 사항은 기획재정부령으로 정한다.

# 30. 간이과세자와 일반과세자의 종류 및 사업소득세 및 법인세

간이과세자는 개인사업자 한 가지고 일반과세자는 개인사업자와 법인사업자 두 가지다.

간이과세자인 개인사업자와 일반과세자인 개인사업자는 사업소득세를 납부하고 일반과세자인 법인사업자는 법인세를 납부한다.

부가가치세 신고서가 없으면 「부가가치세법」에서 정한 간이과세자와 일반과세자인 개인사업자는 사업소득세를 계산할 수 없고 법인사업자는 법인세를 계산할 수 없다.

# 31. 사업소득세 계산에서의 부가가치세 신고서의 과세표준 합계금액

부가가치세는 사업자가 거래상대방으로부터 받아 세무서에 납부하는 것인데 부가가치세 납부의무 면제 간이과세자는 거래상대방으로부터 받은 부가가치세, 매출세액을 세무서에 납부하지 않고 간이과세자의 소득으로 한다.

위와 같이 납부의무 면제 간이과세자의 부가가치세는 본인의 소득이 되므로 부가가치세 납부의무 면제 간이과세자는 부가가치세 신고서의 과세표준 합계액에 부가가치세가 포함된 공급대가를 사업소득의 총수입금액에 포함하여 사업소득세를 계산한다.

그러나 일반과세자는 부가가치세 신고서의 과세표준 합계액에서 부가가치세를 제외한 공급가액을 사업소득의 총수입금액에 포함하여 사업소득세를 계산한다.

즉, 부가가치세 납부의무 면제 간이과세자는 소득세를 계산할 때 부가가치세, 매출세액을 총수입금액에 포함하고 일반과세자인 개인사업자는 소득세를 계산할 때 부가가치세, 매출세액을 총수입금액에 포함하지 않는다.

예를 들어 간이과세자와 일반과세자가 동일하게 부가가치세를 포함한 1년 공급대가 합계액이 3천3백만 원인 경우 간이과세자는 공급대가 3천3백만 원이 사업소득세를 계산할 때 총수입금액에 포함되고 일반과세자는 3천만 원이 사업소득세를 계산할 때 총수입금액에 포함된다.

위와 같이 「소득세법」에서는 거래상대방으로부터 받은 부가가치세를 세무서에 납부하지 않는 부가가치세 납부의무 면제 간이과세자는 거래상대방으로부터 받은 부가가치세가 소득으로 인정되어 사업소득세를 부과받는다.

## 32. 법인세 계산 및 사업소득세 계산에서 공제받는 부가가치세(매입세액)

일반과세자는 다른 일반과세자에게 지급한 부가가치세는 「부가가치세법」에 따라 부가가치세 납부세액을 계산할 때 매입세액으로 공제받는다.

그러나 일반과세자는 부가가치세 납부의무 면제 간이과세자에게 지급한 부가가치세는 「부가가치세법」에 따라 부가가치세 납부세액을 계산할 때 매입세액으로 공제받지 못한다.

위와 같이 일반과세자는 부가가치세 납부의무 면제 간이과세자에게 지급한 부가가치세는 부가가치세 납부세액을 계산할 때 매입세액으로 공제받지 못하는 대신에 일반과세자가 부가가치세 납부의무 면제 간이과세자에게 지급한 부가가치세는 법인사업자는 「법인세법」에 따라 법인세를 계산할 때 손금으로 인정되어 매입세액을 공제받고 일반과세자인 개인사업자는 「소득세법」에 따라 사업소득세를 계산할 때 필요경비로 인정되어 매입세액을 공제받는다.

# 33. 법인사업자가 납부의무 면제 간이과세자에게 지급한 부가가치세(매입세액) 공제 관련 「법인세법」, 시행령, 시행규칙 및 「부가가치세법」 규정과 법인세 계산식에서 손금으로 공제받는 구간

법인세 계산에서 손금으로 인정되어 공제받는 부가가치세, 매입세액은 법인사업자가 납부의무 면제 간이과세자에게 부가가치세를 지급하고 발급받은 영수증(현금영수증 포함)으로 「부가가치세법」 제39조(공제하지 아니하는 매입세액) 제1항 제2호를 말한다.

「법인세법」 제21조(세금과 공과금의 손금불산입) 제1호 → 「법인세법 시행령(대통령령)」 제22조(부가가치세 매입세액의 손금산입 등) 제1항 제3호 → 「법인세법 시행규칙(기획재정부령)」 제11조(부가가치세 매입세액의 손금산입) 제1호 → 「부가가치세법」 제36조(영수증 등) 제1항 제2호 → 「부가가치세법」 제39조(공제하지 아니하는 매입세액) 제1항 제2호

## 1) 「법인세법」

제21조(세금과 공과금의 손금불산입) 다음 각 호의 세금과 공과금은 내국법인의 각 사업연도의 소득금액을 계산할 때 손금에 산입하지 아니한다.

1. 각 사업연도에 납부하였거나 납부할 법인세(제18조의4에 따른 익금불산입의 적용 대상이 되는 수입배당금액에 대하여 외국에 납부한 세액과 제57조에 따라 세액공제를 적용하는 경우의 외국법인세액을 포함한다) 또는 법인지방소득세와 각 세법에 규정된 의무 불이행으로 인하여 납부하였거나 납부할 세액(가산세를 포함한다) 및 부가가치세의 매입세액

(부가가치세가 면제되거나 그 밖에 대통령령으로 정하는 경우의 세액은 제외한다).

위 「법인세법」 제21조 제1호의 그 밖의 대통령령으로 정하는 경우는 "제외한다."의 의미는 손금불산입에서 제외한다는 의미로 손금으로 인정하여 손금산입한다는 의미다. 관련 「법인세법 시행령(대통령령)」

### 2) 「법인세법 시행령(대통령령)」

제22조(부가가치세 매입세액의 손금산입 등) ① 법 제21조 제1호에서 "대통령령으로 정하는 경우의 세액"이란 다음 각 호의 어느 하나에 해당하는 것을 말한다.

3. 그 밖에 해당 법인이 부담한 사실이 확인되는 매입세액으로서 기획재정부령으로 정하는 것

위 「법인세법 시행령」 제22조 제1항 제3호 기획재정부령으로 정하는 관련 「법인세법 시행규칙(기획재정부령)」

### 3) 「법인세법 시행규칙(기획재정부령)」

제11조(부가가치세 매입세액의 손금산입) 영 제22조 제1항 제3호의 규정에 의하여 손금에 산입할 수 있는 매입세액은 다음 각 호의 것으로 한다.

1. 「부가가치세법」 제36조제1항부터 제3항까지의 규정에 의한 영수증을 교부받은 거래분에 포함된 매입세액으로서 매입세액공제대상이 아닌 금액

위 「법인세법 시행규칙」 제11조 제1호 관련 「부가가치세법」

### 4) 「부가가치세법」 규정

제36조(영수증 등) ① 제32조에도 불구하고 다음 각 호의 어느 하나에 해당하는 자가 재화 또는 용역을 공급(부가가치세가 면제되는 재화 또는 용역의 공급은 제외한다)하는 경우에는 제15조 및 제16조에 따른 재화 또는 용역의 공급시기에 대통령령으로 정하는 바에

따라 그 공급을 받은 자에게 세금계산서를 발급하는 대신 영수증을 발급하여야 한다.

2. 간이과세자 중 다음 각 목의 어느 하나에 해당하는 자

가. 직전 연도의 공급대가의 합계액(직전 과세기간에 신규로 사업을 시작한 개인사업자의 경우 제61조제2항에 따라 환산한 금액)이 4천800만 원 미만인 자

 위 제36조 제1항 제2호 가목은 부가가치세 납부의무 면제 간이과세자를 말한다.

「부가가치세법」 제39조(공제하지 아니하는 매입세액) ① 제38조에도 불구하고 다음 각 호의 매입세액은 매출세액에서 공제하지 아니한다.

2. 세금계산서 또는 수입세금계산서를 발급받지 아니한 경우의 매입세액

 위 「부가가치세법」 제39조 제1항 제2호 규정은 세금계산서를 발급받지 아니하고 영수증을 발급받은 경우의 매입세액이다.

 위 「법인세법 시행규칙」 제11조 제1호에서 말하는 부가가치세 납부세액 계산에서 매입세액으로서 공제대상이 아닌 금액으로 손금으로 인정되어 공제받는 부가가치세, 매입세액은 「부가가치세법」 제39조 제1항 제2호 납부의무 면제 간이과세자가 발급한 영수증의 공급대가에 포함된 부가가치세, 매입세액을 말한다.

 즉, 매입세액으로서 공제대상이 아닌 금액은 「부가가치세법」 제36조 제1항 제2호 가목의 직전 연도의 공급대가의 합계금액이 4,800만 원에 미달하는 간이과세자로부터 영수증을 발급받은 경우의 매입세액을 말한다.

 위 「법인세법」 규정에 따라 법인사업자는 부가가치세 납부의무 면제 간이과세자에게 지급한 부가가치세, 매입세액은 법인세 계산에서 손금으로 인정되어 공제받는다.

## 5) 법인세 계산식에서 부가가치세 납부의무 면제 간이과세자에게 지급한 부가가치세를 손금으로 인정되어 공제받는 구간

　결 산 서 상 당 기 순 손 익
+ 익금산입·손금불산입
− **손금산입**·익금불산입　　※ **부가가치세 납부의무 면제 대상 간이과세자에게**
= 각사업년도소득금액　　　　**지급한 부가가치세는 손금으로 인정되어 공제받는다.**
− 이 월 결 손 금
− 비 과 세 소 득
− 소 　 득 　 공 　 제
= 과 　 세 　 표 　 준
× 세 　 　 　 　 　 율
= 산 　 출 　 세 　 액
　　　　　⋮
= 차 감 납 부 세 액

# 34. 일반과세자 개인사업자가 납부의무 면제 간이과세자에게 지급한 부가가치세(매입세액) 공제 관련 「소득세법」, 시행령, 시행규칙 및 「부가가치세법」 규정과 소득세 계산식에서 필요경비로 공제받는 구간

사업소득세 계산에서 필요경비로 인정되어 공제받는 매입세액은 일반과세자 개인사업자가 부가가치세 납부의무 면제 간이과세자에게 부가가치세를 지급하고 발급받은 영수증(현금영수증 포함)으로 「부가가치세법」 제39조(공제하지 아니하는 매입세액) 제1항 제2호를 말한다.

「소득세법」 제33조(필요경비 불산입) 제1항 제9호 → 「소득세법 시행령(대통령령)」 제74조 제2호 → 「소득세법 시행규칙(기획재정부령)」 제39조(부가가치세매입세액의 필요경비산입) 제1호 → 「부가가치세법」 제36조(영수증 등) 제1항 제2호 → 「부가가치세법」 제39조(공제하지 아니하는 매입세액) 제1항 제2호

## 1) 「소득세법」

제33조(필요경비 불산입) ① 거주자가 해당 과세기간에 지급하였거나 지급할 금액 중 다음 각 호에 해당하는 것은 사업소득금액을 계산할 때 필요경비에 산입하지 아니한다.
9. 부가가치세의 매입세액. 다만, 부가가치세가 면제되거나 그 밖에 대통령령으로 정하는 경우의 세액과 부가가치세 간이과세자가 납부한 부가가치세액은 제외한다.

위 「소득세법」 제33조 제1항 제9호의 "그 밖에 대통령령으로 정하는 경우의 세액과 부가가치세 간이과세자가 납부한 부가가치세액은 제외한다."의 의미는 필요경비 불산입에서 제외한다는 의미로 필요경비 산입으로 인정한다는 의미다. 대통령령 관련 「**소득세법 시행령**(대통령령)」

### 2) 「소득세법 시행령(대통령령)」

제74조(부가가치세 매입세액의 필요경비산입) 법 제33조제1항제9호에서 "대통령령으로 정하는 경우의 세액"이란 다음 각 호의 어느 하나에 해당하는 것을 말한다.
2. 기타 당해 사업자가 부담한 사실이 확인되는 매입세액으로서 기획재정부령이 정하는 것

위 「소득세법 시행령」 제74조 제2호 기획재정부령 관련 「소득세법 시행규칙(기획재정부령)」

### 3) 「소득세법 시행규칙(기획재정부령)」

제39조(부가가치세매입세액의 필요경비산입) 영 제74조제2호에서 "기획재정부령이 정하는 것"이라 함은 다음 각 호의 어느 하나에 해당하는 것을 말한다.
1. 「부가가치세법」 제36조제1항부터 제3항까지에 규정하는 영수증을 교부받은 거래분에 포함된 매입세액으로서 공제대상이 아닌 금액

위 「소득세법 시행규칙」 제39조 제1호 관련 「부가가치세법」 규정

### 4) 「부가가치세법」

제36조(영수증 등) ① 제32조에도 불구하고 다음 각 호의 어느 하나에 해당하는 자가 재화 또는 용역을 공급(부가가치세가 면제되는 재화 또는 용역의 공급은 제외한다)하는 경우에는 제15조 및 제16조에 따른 재화 또는 용역의 공급시기에 대통령령으로 정하는 바에 따라 그 공급을 받은 자에게 세금계산서를 발급하는 대신 영수증을 발급하여야 한다.
2. 간이과세자 중 다음 각 목의 어느 하나에 해당하는 자

가. 직전 연도의 공급대가의 합계액(직전 과세기간에 신규로 사업을 시작한 개인사업자의 경우 제61조제2항에 따라 환산한 금액)이 4천800만 원 미만인 자

위 제36조 제1항 제2호 가목은 부가가치세 납부의무 면제 간이과세자를 말한다.

「부가가치세법」 제39조(공제하지 아니하는 매입세액) ① 제38조에도 불구하고 다음 각 호의 매입세액은 매출세액에서 공제하지 아니한다.
2. 세금계산서 또는 수입세금계산서를 발급받지 아니한 경우의 매입세액

위 「부가가치세법」 제39조 제1항 제2호 규정은 세금계산서를 발급받지 아니하고 영수증을 발급받은 경우의 매입세액이다.

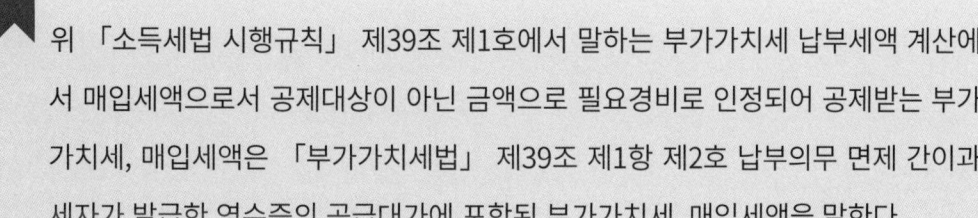
위 「소득세법 시행규칙」 제39조 제1호에서 말하는 부가가치세 납부세액 계산에서 매입세액으로서 공제대상이 아닌 금액으로 필요경비로 인정되어 공제받는 부가가치세, 매입세액은 「부가가치세법」 제39조 제1항 제2호 납부의무 면제 간이과세자가 발급한 영수증의 공급대가에 포함된 부가가치세, 매입세액을 말한다.

즉, 매입세액으로서 공제대상이 아닌 금액은 「부가가치세법」 제36조 제1항 제2호 가목의 직전 연도의 공급대가의 합계금액이 4,800만 원에 미달하는 간이과세자로부터 영수증을 발급받은 경우의 매입세액을 말한다.

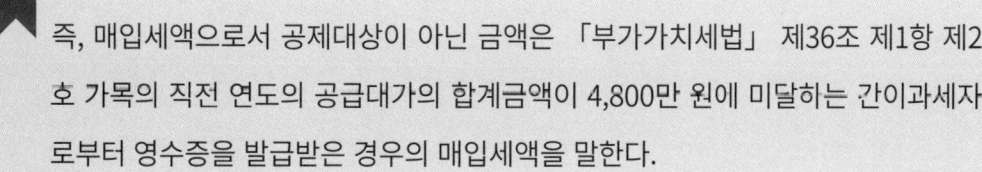
위 「소득세법」 규정에 따라 일반과세자 개인사업자가 부가가치세 납부의무 면제 간이과세자에게 지급한 부가가치세, 매입세액은 사업소득세 계산에서 필요경비로 인정되어 공제받는다.

위에서 살펴본 바와 같이 일반과세자가 납부의무 면제 간이과세자에게 지급한 부가가치세는 부가가치세 납부세액 계산에서 매입세액으로 공제받지 못하는 대신에 법인사업자는 법인세 계산에서 손금으로 인정되어 공제받고 일반과세자 개인사업자는 사업소득세 계산에서 필요경비로 인정되어 공제받는다.

### 5) 소득세 계산식에서 부가가치세 납부의무 면제 간이과세자에게 지급한 부가가치세를 필요경비로 인정되어 공제받는 구간

| | |
|---|---|
| 총 수 입 금 액 | ※ 부가가치세 신고서의 공급가액의 합계액을 포함한다. |
| − 필 요 경 비 | ※ 부가가치세 납부의무 면제 대상 간이과세자에게 지급한 |
| = 소 득 금 액 | 부가가치세는 필요경비로 인정되어 공제받는다. |
| − 소 득 공 제 | |
| = 과 세 표 준 | |
| × 세 율 | |
| = 산 출 세 액 | |
| ⋮ | |
| = 종합소득차감납부세액 | |

# 35. 간이과세자는 부가가치세 소득에 대하여 소득세를 부담한다

간이과세자는 물건 등을 구매하고 다른 사업자에게 지급한 부가가치세는 부가가치세 납부세액 계산에서 공제받지 못하고 반환받지 못하여 국가에 귀속되고 간이과세자가 거래상대방으로부터 받은 부가가치세는 간이과세자의 소득이 되어 사업소득세 계산에서 총수입금액에 포함되어 소득세를 부담한다.

일반과세자는 납부의무 면제 간이과세자에게 지급한 부가가치세에 대하여 부가가치세 납부세액 계산에서 공제받지 못하는 대신에 법인사업자는 법인세 계산에서 손금으로 인정되어 공제받고 일반과세자 개인사업자는 사업소득세 계산에서 필요경비로 인정되어 공제받는다.

# 36. 사업자가 발급한 현금영수증에 대한 세액공제 관련 「부가가치세법」 규정

 「부가가치세법」

제46조(신용카드 등의 사용에 따른 세액공제 등) 제1항 제2호 나목 및 제3호

나. 「조세특례제한법」 제126조의3에 따른 현금영수증

3. 공제금액(연간 500만 원을 한도로 하되, 2026년 12월 31일까지는 연간 1천만 원을 한도로 한다): 발급금액 또는 결제금액의 1퍼센트(2026년 12월 31일까지는 1.3퍼센트로 한다)

> 위 규정에서 현금영수증 발급급액에 1.3퍼센트를 적용하여 계산한 금액을 세액공제한다고 규정하고 있다.

여기서 발급금액은 간이과세자는 공급대가이고 일반과세자는 공급가액에 부가가치세를 합산한 합계급액이다.

결국 동일한 거래를 하였을 경우, 간이과세자가 발급한 현금영수증 발급금액과 일반과세자가 발급한 현금영수증 합계금액은 동일한 금액으로 세액공제도 동일한 금액을 공제받는다.

# 37. 근로자의 근로소득금액에서 공제하는 현금영수증 관련 「조세특례제한법」 규정

근로자는 간이과세자로부터 현금영수증을 발급받든 일반과세자로부터 현금영수증을 발급받든 관계없이 근로소득세 계산에서 동일하게 공제받는다.

### ⊙ 「조세제한특례법」

제126조의2(신용카드 등 사용금액에 대한 소득공제) ① 근로소득이 있는 거주자(일용근로자는 제외한다. 이하 이 조에서 같다)가 법인(외국법인의 국내사업장을 포함한다) 또는 「소득세법」 제1조의2제1항제5호에 따른 사업자(비거주자의 국내사업장을 포함한다)로부터 2025년 12월 31일까지 재화나 용역을 제공받고 다음 각 호의 어느 하나에 해당하는 금액(이하 이 조에서 "신용카드등사용금액"이라 한다)의 연간합계액(국외에서 사용한 금액은 제외한다. 이하 이 조에서 같다)이 같은 법 제20조제2항에 따른 해당 과세연도의 총급여액의 100분의 25(이하 이 조에서 "최저사용금액"이라 한다)를 초과하는 경우 제2항의 산식에 따라 계산한 금액(이하 이 조에서 "신용카드등소득공제금액"이라 한다)을 해당 과세연도의 근로소득금액에서 공제한다.

2. 제126조의3에 따른 현금영수증(제126조의5에 따라 현금거래사실을 확인받은 것을 포함한다. 이하 이 조에서 "현금영수증"이라 한다)에 기재된 금액

126조의3(현금영수증사업자 및 현금영수증가맹점에 대한 과세특례) ① 현금영수증 결제를 승인하고 전송할 수 있는 시스템을 갖춘 사업자로서 대통령령으로 정하는 바에 따라 국세청장으로부터 현금영수증사업의 승인을 받은 현금영수증사업자(이하 이 조에서 "현금영수증사업자"라 한다)는 신용카드단말기 등에 현금영수증발급장치를 설치한 사업자(이하

이 조에서 "현금영수증가맹점"이라 한다)의 현금영수증 결제 건수 및 「소득세법」 제164조 제3항 후단에 따른 방법으로 제출하는 지급명세서의 건수에 따라 대통령령으로 정하는 금액을 해당 과세기간의 부가가치세 납부세액에서 공제받거나 환급세액에 가산하여 받을 수 있다.

제126조의5(현금거래의 확인 등) ① 대통령령으로 정하는 사업자로부터 재화 또는 용역을 공급받은 자가 그 대가를 현금으로 지급하였으나 제126조의3제4항에 따른 현금영수증을 발급받지 못한 경우에는 대통령령으로 정하는 바에 따라 현금거래 사실에 관하여 관할 세무서장의 확인을 받은 경우에는 제126조의3제4항에 따른 현금영수증을 발급받은 것으로 본다.

# 38. 간이과세자와 일반과세자에게 공통으로 적용되는 세액공제 규정 및 해석

## 1) 「부가가치세법」에서 정한 신용카드 등의 사용에 따른 세액공제

제46조(신용카드 등의 사용에 따른 세액공제 등) ① 제1호에 해당하는 사업자가 부가가치세가 과세되는 재화 또는 용역을 공급하고 제34조제1항에 따른 세금계산서의 발급시기에 제2호에 해당하는 거래증빙서류(이하 이 조에서 "신용카드매출전표등"이라 한다)를 발급하거나 대통령령으로 정하는 전자적 결제수단에 의하여 대금을 결제받는 경우에는 제3호에 따른 금액을 납부세액에서 공제한다.

1. 사업자: 다음 각 목의 어느 하나에 해당하는 사업자

가. 주로 사업자가 아닌 자에게 재화 또는 용역을 공급하는 사업으로서 대통령령으로 정하는 사업을 하는 사업자(법인사업자와 직전 연도의 재화 또는 용역의 공급가액의 합계액이 대통령령으로 정하는 금액을 초과하는 개인사업자는 제외한다) ※대통령령으로 정하는 금액은 10억 원

나. 제36조제1항제2호에 해당하는 간이과세자

2. 거래증빙서류: 다음 각 목의 어느 하나에 해당하는 서류

가. 「여신전문금융업법」에 따른 신용카드매출전표

나. 「조세특례제한법」 제126조의3에 따른 현금영수증

다. 그 밖에 이와 유사한 것으로 대통령령으로 정하는 것

3. 공제금액(연간 500만 원을 한도로 하되, 2026년 12월 31일까지는 연간 1천만 원을 한도로 한다): 발급금액 또는 결제금액의 1퍼센트(2026년 12월 31일까지는 1.3퍼센트로 한다)

② 제1항을 적용할 때 공제받는 금액이 그 금액을 차감하기 전의 납부할 세액[제37조제

2항에 따른 납부세액에서 이 법,「국세기본법」 및「조세특례제한법」에 따라 빼거나 더할 세액(제60조 및「국세기본법」제47조의2부터 제47조의4까지의 규정에 따른 가산세는 제외한다)을 빼거나 더하여 계산한 세액을 말하며, 그 계산한 세액이 "0"보다 작으면 "0"으로 본다]을 초과하면 그 초과하는 부분은 없는 것으로 본다.

> 위 「부가가치세법」 제46조 제2항 규정에서 제1항에 따라 세액공제를 받았던 세액공제금액이 그 금액을 차감하기 전의 납부할 세액을 초과하면 그 초과하는 부분은 없는 것으로 본다.
> 여기서 납부할 세액이란 납부세액에서 차가감하는 계산 결과의 금액을 말한다.
> 그러니까 납부세액 계산에서 일단 신용카드 등의 사용에 따른 세액공제를 하고 최종 납부할 세액이 음수일 경우 일단 공제한 신용카드 등의 사용에 따른 세액공제 금액에서 다시 취소할 세액공제 금액을 구하는 계산을 하여야 한다는 것이다.
> 이 경우, 납부세액 계산에서는 일단 신용카드 등의 사용에 따른 세액공제 금액을 공제하고 납부할 세액이 음수일 경우 처음 계산에서 공제했던 세액공제 금액을 다시 계산하여 일단 신용카드 등의 사용에 따른 세액공제취소 금액을 결정한다.
> 예를 들어 납부할 세액이 음수 -1,000원이고 납부세액 계산에서 신용카드 등의 사용에 따른 세액공제로 500원을 공제받았다면 다시 세액공제 금액에서 500원을 취소하여 납부할 세액은 음수 -500원이 되어 환급세액은 500원이 된다. 또 납부할 세액이 음수 -1,000원이고 납부세액 계산에서 신용카드 등의 사용에 따른 세액공제로 1,500원을 공제받았다면 1,500원 공제세액에서 다시 세액공제 금액 1,000원을 취소하여 납부할 세액은 0원이 되고 결국 납부세액 계산에서 신용카드 등의 사용에 따른 세액공제 금액은 500원이 된다.

**납부세액 계산에서 신용카드 등의 사용에 따른 세액공제를 한 결과**
- 납부할 세액이 양수이면, 처음 받은 세액공제 그대로 세액공제를 받는다.
- 납부할 세액이 음수이고, 처음 받은 세액공제 금액보다 작으면 처음 받은세액공

제 금액에서 일부를 공제받는다.

납부세액이 -1,000원이고, 이미 공제한 세액이 1,500원인 경우 이미 공제받은 1,500원 중에서 1,000원을 공제취소하여 납부할 세액을 0원으로 만들어 최종적으로 500원을 공제받게 된다.

- 납부할 세액이 음수이고, 세액공제보다 크면 전혀 공제받지 못한다.

납부할 세액이 -2,000원이고, 이미 공제한 세액이 1,500원일 때 이미 공제 한 1,500원을 취소하여 납부할 세액은 -500원이 되어 결국 500원을 환급받게 되는데 이 경우에는 신용카드 등의 사용에 따른 세액공제는 전혀 받지 않게 된다.

## 2) 「조세특례제한법」에서 정한 전자신고 등에 대한 세액공제

제104조의8(전자신고 등에 대한 세액공제)

② 납세자가 직접 전자신고의 방법으로 대통령령으로 정하는 부가가치세 신고를 하는 경우에는 해당 납부세액에서 대통령령으로 정하는 금액을 공제하거나 환급세액에 가산한다. 다만, 매출가액과 매입가액이 없는 「부가가치세법」 제2조제5호에 따른 일반과세자에 대하여는 본문을 적용하지 아니하며, 같은 조 제4호에 따른 간이과세자에 대하여는 공제세액이 납부세액에 같은 법 제63조제3항, 제64조 및 제65조에 따른 금액을 가감(加減)한 후의 금액을 초과할 때에는 그 초과하는 금액은 없는 것으로 본다.

「조세특례제한법 시행령(대통령령)」

제104조의5(전자신고 등에 대한 세액공제)

④ 법 제104조의8제2항에서 "대통령령으로 정하는 금액"이란 1만 원을 말한다.

간이과세자에 대하여는 공제세액이 부가가치세법 제63조 제3항, 제64조 및 제65조에 따른 금액을 가감한 후의 금액을 초과할 때에는 그 초과하는 금액은 없는 것으로 본다.

# 제4장

## 일반과세자와 간이과세자의 납부세액 계산 결과

# 39. 창업하고 6개월, 1년, 2년, 3년 이내에 폐업하는 일반과세자·간이과세자

간이과세자 또는 일반과세자의 1년 공급대가의 합계액이 4,800만 원에 미달하는 사업자는 1년 공급대가의 합계액이 1,100만 원일 수도 있고 2,200만 원일 수도 있고 3,300만 원일 수도 있는 등 1년 공급대가의 합계액이 4,800만 원에 미달하는 사업자는 임대료 등 고정비용 지출 등으로 수익이 발생하지 않거나 수익이 너무 적어 창업하고 6개월, 1년, 2년 3년 이내의 단기간에 폐업하게 된다.

또 간이과세자 또는 일반과세자의 1년 공급대가의 합계액이 4,800만 원 이상 1억 4백만 원에 미달하는 사업자도 물가 상승 등으로 인테리어 공사 비용 등 창업 초기 투자 비용이 많이 지출되고 영업은 예상했던 것보다 잘되지 않아서 초기에 예상했던 수익이 발생하지 않아 창업하고 6개월, 1년, 2년 3년 이내의 단기간에 폐업하게 될 수도 있다.

위와 같이 1년 공급대가의 합계액이 적은 사업자는 6개월, 1년, 2년, 3년 이내의 단기간에 폐업하게 될 수도 있다는 사정을 이해하면서 동일한 공급대가에 대하여 일반과세자와 간이과세자의 납부세액 계산의 결과를 비교한다.

일반과세자든 간이과세자든 1년 공급대가의 합계액이 4,800만 원에 미달하는 사업자는 수익보다 지출이 더 크고 많아서 적자이므로 임대료 등 일정하게 지출되는 고정비용 등을 감당하지 못하고 1년, 2년, 3년 이내의 단기간에 폐업할 수밖에 없다.

물가는 상승하고 영업이 어려운 요즘에는 1년 공급대가의 합계액이 4,800만 원에서 1

억 4백만 원에 해당하는 사업자도 일반과세자든 간이과세자든 3년 이내의 단기간에 폐업하는 경우가 많을 것이다.

창업하고 6개월, 1년, 2년, 3년 이내의 단기간에 폐업하는 사업자의 경우, 일반과세자는 본인의 돈으로는 부가가치세를 전혀 부담하지 않고 다른 사업자에게 지급한 부가가치세를 전부 반환받는 일반과세자는 부가가치세 계산에서 전혀 손해가 없다. 그러나 간이과세자는 다른 사업자에게 지급한 부가가치세를 반환받지 못하고 국가에 귀속되어 본인의 돈으로 부가가치세를 부담하게 되어 부가가치세 계산에서 손해가 크다.

납부의무 면제 간이과세자는 납부세액 계산을 할 필요가 없다. 왜냐하면 납부의무 면제 간이과세자는 거래상대방으로부터 받은 부가가치세는 자신의 소득으로 하고 다른 사업자에게 지급한 부가가치세는 반환받지 못하고 국가에 귀속되기 때문에 부가가치세 납부세액 계산이 별로 의미가 없다.

그런데 왜 부가가치세 납부세액 계산을 하는가?
그 이유는 부가가치세 신고는 의무이고 부가가치세 신고서를 작성하려면 납부세액을 계산해야 하고 부가가치세 신고서를 근거로 사업소득세 계산을 하는 등 부가가치세 신고서는 여러 가지 근거 자료로 활용되기 때문에 부가가치세 납부세액을 계산하고 부가가치세 신고서를 작성하여 부가가치세 신고를 해야 한다.

# 40. 예시로 살펴본 일반과세자와 간이과세자의 납부세액 계산 이해

저자는 공인중개사이고 공인중개사로서의 경험을 예시로 하여 부가가치세를 계산한다.

1년 공급대가의 합계액이 너무나 작아 영세한 사업자는 사업을 유지하기가 너무 힘들어서 창업하고 단기간에 폐업하는 경우가 대부분이다.

영세한 사업자는 매출이 너무 적고 수익이 없어 단기간에 폐업할 수밖에 없다는 사정을 이해하면서 다음 예시를 살펴본다.

> 일반과세자는 1기, 2기 단위로 납부세액을 계산하고, 신고·납부하지만, 여기서는 간이과세자와 비교를 위하여 1년 단위로 납부세액을 계산한다.

## 1) 예시 1

예를 들어 어떤 사람이 창업을 하면서 인테리어 공사 비용으로 인테리어사업자에게 5천 5백만 원을 지급하였다.

이 경우 인테리어사업자가 창업자에게 공급한 인테리어공사의 공급가액은 5천만 원이고 인테리어사업자가 받은 부가가치세는 5백만 원이다.

이 경우 창업을 하면서 창업자가 인테리어사업자에게 지급한 부가가치세는 5백만 원이다.

즉, 창업자의 매입세액은 5백만 원이다.

이 경우, 12월 30일에 창업하여 매출이 전혀 없는 경우 매출세액은 0원이고 매입세액은

5백만 원이다.

이 경우 간이과세자 창업자가 인테리어사업자에게 세금계산서등을 발급받은 공급대가의 세액공제 금액은 275,000원이다.(인테리어사업자로부터 발급받은 공급대가 5천5백만 원 × 0.5%)

### (1) 일반과세자의 경우

다음해 1월 25일 부가가치세를 신고·납부하기 위하여 부가가치세 납부세액을 계산하면 다음과 같다.

매출세액 0원 - 매입세액 500만 원 = -500만 원(환급세액) - 전자신고세액공제 1만 원 = -501만 원(차가감 환급받을 세액)

이 경우 일반과세자는 다른 사업자에게 지급한 부가가치세 매입세액 500만 원을 반환받는다.
일반과세자는 본인의 돈으로는 부가가치세를 전혀 부담하지 않는다.

### (2) 간이과세자의 경우

공급대가 0원 × 부가가치율 40% × 세율 10% = 0원(납부세액) - 세금계산서등을 발급받은 공급대가의 세액공제 275,000원 - 전자신고세액공제 1만 원 = -285,000원(환급세액)

환급세액 285,000원은 「부가가치세법」 제63조 제6항 규정에 따라 없는 것으로 보아, 즉 0원으로 보아 간이과세자는 반환받지 못한다.

위 납부세액 계산에서 살펴본 바와 같이 일반과세자는 인테리어사업자에게 지급한 부가가치세, 매입세액 500만 원 전액을 반환받는다.
일반과세자는 본인의 돈으로는 부가가치세를 전혀 부담하지 않는다는 것을 확인할 수 있다.

그러나 간이과세자는 인테리어사업자에게 지급한 부가가치세, 매입세액 500만 원을 전혀 반환받지 못하고 국가에 귀속된다.

간이과세자는 본인의 돈으로 부가가치세 500만 원을 부담하고 있는 것을 확인할 수가 있다.

이 경우 간이과세자는 「부가가치세법」 제63조 제6항의 규정에 따라 환급세액 285,000원을 반환받지 못한다. 그리고 간이과세자는 다른 사업자에게 지급한 부가가치세 매입세액 500만 원도 반환받지 못하고 국가에 귀속된다.
즉, 간이과세자는 사업자임에도 불구하고 소비자처럼 부가가치세 500만 원을 부담한다.

이렇게 간이과세자는 본인의 돈으로 부가가치세를 부담하는데도 거래상대방으로부터 부가가치세를 받으면 안 된다고 한다면 영세사업자인 간이과세자에게 너무나 부당하고 가혹한 부담을 주는 것이다.

위 일반과세자 납부세액 계산에서 살펴본 바와 같이 일반과세자는 다른 사업자에게 지급한 부가가치세, 매입세액 500만 원 전액 반환받는다.

**위 부가가치세 계산에서 간이과세자는 500만 원의 손해가 있고 일반과세자는 전혀 손해가 없다.**

## 2) 예시 2

창업자가 인테리어 공사 비용 등으로 인테리어사업자에게 5천5백만 원을 지급하고 사업장을 운영하기 위하여 임대보증금 2천만 원, 월 임대료 110만 원에 임차하고 사무실을 운영하면서 전기요금 월 11만 원, 통신비용 월 11만 원, 광고비용 월 11만 원, 경비비용 월 11만 원 등의 비용을 임대사업자, 한국전력공사 등 다른 사업자에게 지급한다.

창업자가 인테리어사업자에게 지급한 부가가치세, 매입세액은 500만 원이다.

간이과세자의 경우 인테리어사업자에게 세금계산서등을 발급받은 공급대가의 세액공제 금액은 275,000원이다.(인테리어사업자로부터 발급받은 공급대가 5천5백만 원 × 0.5%)

이 경우, 창업자가 사무실 운영비용으로 1개월 동안 임대사업자 등 다른 사업자에게 지급한 합계금액은 154만 원이다.(공급가액 140만 원 + 부가가치세 14만 원)

**매입세액: 500만 원**(인테리어사업자에게 지급한 부가가치세 500만 원)
　　　　**14만 원**(임대사업자 등에게 지급한 1개월 부가가치세 14만 원)
　　　　**275,000원**(세금계산서등을 발급받은 공급대가의 세액공제 5,500원 × 0.5%)
　　　　**7,700원**(세금계산서등을 발급받은 공급대가의 세액공제 154만 원×0.5%×1개월)

### (1) 1년 공급대가 합계액이 4,800만 원에 미달하는 경우
간이과세자의 납부세액 및 일반과세자의 납부세액 비교

① 1년 공급대가의 합계액 1,320만 원(창업하고 3개월 후 폐업하는 경우)
(1개월 공급대가 110만 원, 공급가액 100만 원, 부가가치세 10만 원)

**매출세액: 30만 원**(10만 원 × 3개월)
**매입세액: 500만 원**(인테리어사업자에게 지급한 부가가치세)
　　　　**42만 원**(임대사업자 등에게 지급한 부가가치세 14만 원 × 3개월)

**공급대가: 330만 원**(110만 원 × 3개월)
**부가가치율: 40퍼센트**

세율: 10퍼센트

세금계산서등을 발급받은 세액공제: 298,100원(275,000원 + 23,100원)

 해당 과세기간에 세금계산서등을 발급받은 재화와 용역의 공급대가에 0.5퍼센트를 곱한 금액

275,000원(세금계산서등을 발급받은 공급대가의 세액공제 5,500만 원 × 0.5%)

23,100원(세금계산서등을 발급받은 공급대가의 세액공제154만 원 × 3개월 × 0.5%)

> **간이과세자와 일반과세자가 공통으로 적용받는 세액공제 금액**
> 세액공제: 42,900원(현금영수증 발급금액 세액공제 330만 원 × 1.3%)
> 1만 원(전자신고에 대한 세액공제 1만 원)

 **가. 일반과세자 납부세액 계산**

매출세액 30만 원 - 매입세액 542만 원 = -512만 원(환급세액) - 현금영수증 발급금액에 대한 세액공제 42,900원 - 전자신고세액공제 1만 원 = -5,172,900원 + 현금영수증 발급금액에 대한 세액공제 42,900원(세액공제취소) = -513만 원(차가감 환급세액)

> 이 경우 일반과세자는 환급세액 513만 원을 세무서로부터 반환받는다.

**나. 간이과세자 납부세액 계산**

공급대가 330만 원 × 부가가치율40% × 세율10% = 132,000원(납부세액) - 세금계산서등을 발급받은 공급대가의 세액공제 298,100원 - 현금영수증 발급금액에 대한 세액공제 42,900원 - 전자신고세액공제 1만 원 = -219,000원(최종 납부세액)

최종 납부세액 -219,000원은 「부가가치세법」 제63조 제6항 규정에 따라 없는 것으로 보아, 즉 0원으로 취급되어 반환받지 못한다.

> 위 납부세액 계산에서 살펴본 바와 같이 납부의무 면제 간이과세자는 다른 사업자에게 지급한 부가가치세, 매입세액 542만 원을 반환받지 못하고 거래상대방으로부터 받은 부가가치세 매출세액 30만 원은 본인의 소득으로 하여 최종적으로 간이과세자는 본인의 돈 512만 원(542만 원 - 30만 원)이 국가에 귀속되어 간이과세자는 512만 원의 부가가치세를 부담한다는 것을 알 수 있다.

일반과세자는 거래상대방으로부터 받은 부가가치세 30만 원은 세무서에 납부하고 본인이 다른 사업자에게 지급한 부가가치세 542만 원은 전액 반환받고 더하여 전자신고세액공제 1만 원을 공제받음으로써 본인의 돈으로는 부가가치세를 전혀 납부하지 않고 543만 원을 반환받는다는 것을 확인할 수 있다.

**위 부가가치세 계산에서 간이과세자는 512만 원의 손해가 있고 일반과세자는 전혀 손해가 없다.**

> 이 경우 간이과세자는 「부가가치세법」 제63조 제6항의 규정에 따라 환급세액 219,000원을 반환받지 못하고 간이과세자가 다른 사업자에게 지급한 부가가치세 매입세액 542만 원도 반환받지 못하고 국가에 귀속된다.

결국 간이과세자가 거래상대방으로부터 받은 부가가치세 매출세액 30만 원은 세무서에 납부하지 않아 간이과세자의 소득이 되지만 간이과세자는 사업자임에도 불구하고 최종적으로 부가가치세 512만 원(542만 원 - 30만 원)을 부담하게 된다.

이렇게 본인의 돈으로 부가가치세를 부담하는 영세사업자인 간이과세자에게 거래상대방으로부터 부가가치세를 받으면 안 된다고 한다면 영세사업자인 간이과세자에게 너무나 부당하고 가혹한 부담을 주는 것이다.

위 일반과세자 납부세액 계산에서 살펴본 바와 같이 일반과세자는 매출세액에서 다른 사업자에게 지급한 부가가치세 매입세액 542만 원을 공제하고 계산하여 환급세액 5,130,000원(542만 원 - 30만 원 + 1만 원)을 반환받고 매출세액 30만 원을 세무서에 납부하지 않아 최종적으로 543만 원을 반환받는다.

> 이 경우 실제로는 일반과세자는 거래상대방으로부터 받은 부가가치 30만 원은 납부세액 계산에서 미리 공제하여 세무서에 납부하지 않고 환급세액 5,130,000원을 반환받아 최종적으로 543만 원(30만 원 + 513만 원)을 반환받는다.

결국 일반과세자는 본인이 다른 사업자에게 지급한 부가가치세 매입세액 542만 원을 반환받고 전자신고세액공제 1만 원을 더하여 543만 원을 반환받는다.

간이과세자도 일반과세자처럼 거래상대방으로부터 받은 부가가치 30만 원을 세무서에 납부하지 않지만 간이과세자는 본인의 돈으로 부가가치세 542만 원을 부담하여 국가에 귀속하게 된다.

최종적으로 간이과세자는 본인의 돈 512만 원(542만 원 - 30만 원)은 국가에 귀속되어 512만 원의 부가가치세를 부담하게 된다.

위 계산에서 매입세액 542만 원은 본인이 다른 사업자에게 지급한 부가가치세이고 매출세액 30만 원은 거래상대방으로부터 받은 부가가치세이다.

위 납부세액 계산에서 알 수 있듯이 일반과세자는 본인의 돈이 아닌 거래상대방으로부터 받은 30만 원을 납부하고 본인의 돈으로 다른 사업자에게 지급한 부가가치세 542만 원은 전액 다시 반환받고 전자신고세액공제 금액 1만 원을 더하여 543만 원을 받는다는 것을 알 수 있다.

이 경우 이미 확인했듯이 간이과세자는 본인의 돈으로 다른 사업자에게 지급한 부가가치세 542만 원도 반환받지 못하고 전자신고세액공제 금액 1만 원도 받지 못한다는 것을 알 수 있다.

다만, 거래상대방으로부터 받은 부가가치세 30만 원을 세무서에 납부하지 않고 자신의 소득으로 하게 되므로 최종적으로 512만 원(542만 원 - 30만 원)을 부가가치세로 부담한다.

간이과세자가 거래상대방으로부터 부가가치세 10퍼센트를 받은 전제에서 납부세액을 계산한 결과가 위와 같음에도 간이과세자는 거래상대방으로부터 받은 부가가치세를 세무서에 납부하지 않는다면서 부가가치세를 받으면 안 된다는 주장은 영세사업자인 간이과세자에게 너무나 부당하고 가혹한 부담을 주는 것이다.

② 1년 공급대가의 합계액 1,320만 원(창업하고 6개월 후 폐업하는 경우)
(1개월 공급대가 110만 원, 공급가액 100만 원, 부가가치세 10만 원)

6개월 공급대가 660만 원(공급가액 600만 원 + 부가가치세 60만 원)

**매출세액: 60만 원**(10만 원 × 6개월)
**매입세액: 500만 원**(인테리어사업자에게 지급한 부가가치세)
　　　　**84만 원**(임대사업자 등에게 지급한 부가가치세 매입세액 14만 원×6개월)

**공급대가: 660만 원**(110만 원 × 6개월)
**부가가치율:** 40퍼센트
**세율:** 10퍼센트
**세금계산서등을 발급받은 세액공제: 321,200원**(275,000원 + 46,200원)

⊙ 해당 과세기간에 세금계산서등을 발급받은 재화와 용역의 공급대가에 0.5퍼센트를 곱한 금액

275,000원(세금계산서등을 발급받은 공급대가의 세액공제 5,500만 원 × 0.5%)
46,200원(세금계산서등을 발급받은 공급대가의세액공제154만 원 × 6개월 × 0.5%)

> **간이과세자와 일반과세자가 공통으로 적용받는 세액공제 금액**
> **세액공제: 85,800원**(현금영수증 발급금액 세액공제 660만 원 × 1.3%)
> **1만 원**(전자신고에 대한 세액공제 1만 원)

### 가. 일반과세자 납부세액 계산

매출세액 60만 원 - 매입세액 584만 원 = -524만 원(환급세액) - 현금영수증 발급금액에 대한 세액공제 85,800원 - 전자신고세액공제 1만 원 = -5,335,800원 + 현금영수증 발급금액에 대한 세액공제 85,800원(세액공제취소) = -525만 원(차가감 환급세액)

이 경우 일반과세자는 환급세액 525만 원을 세무서로부터 반환받는다.

### 나. 간이과세자 납부세액 계산

공급대가 660만 원 × 부가가치율 40% × 세율 10% = 264,000(납부세액) - 세금계산서등을 발급받은 공급대가의 세액공제 321,200원 - 현금영수증 발급금액에 대한 세액공제 85,800원 - 전자신고세액공제 1만 원 = -153,000원(최종 납부세액)

최종 납부세액 -153,000원은 「부가가치세법」 제63조 제6항 규정에 따라 없는 것으로 보아, 즉 0원으로 보아 반환받지 못한다.

> 위 납부세액 계산에서 살펴본 바와 같이 간이과세자는 다른 사업자에게 지급한 부가가치세, 매입세액 584만 원을 반환받지 못하고 거래상대방으로부터 받은 부가가치세, 매출세액 60만 원은 본인의 소득으로 하여 최종적으로 간이과세자는 본인의 돈 524만 원(584만 원 - 60만 원)은 국가에 귀속되어 간이과세자는 524만 원의 부가가치세를 부담한다는 것을 알 수 있다.

일반과세자는 거래상대방으로부터 받은 부가가치세 60만 원은 세무서에 납부하고 본인이 다른 사업자에게 지급한 부가가치세 584만 원은 전액 반환받고 전자신고세액공제 1만 원을 공제받음으로써 본인의 돈으로는 부가가치세를 전혀 납부하지 않고 1만 원을 더하여 585만 원을 반환받는다는 것을 확인할 수 있다.

**위 부가가치세 계산에서 간이과세자는 524만 원의 손해가 있고 일반과세자는 손해가 전혀 없다.**

이 경우 간이과세자는 「부가가치세법」 제63조 제6항의 규정에 따라 환급세액 153,000원을 반환받지도 못하고 간이과세자는 다른 사업자에게 지급한 부가가치세 매입세액 584만 원도 반환받지 못하여 국가에 귀속된다.

결국 간이과세자가 거래상대방으로부터 받은 부가가치세, 매출세액 60만 원은 세무서에 납부하지 않아 간이과세자의 소득이 되지만 간이과세자는 사업자임에도 불구하고 최종적으로 부가가치세 524만 원(584만 원 - 60만 원)을 부담한다.

이렇게 간이과세자는 본인의 돈으로 부가가치세를 부담하는데도 영세사업자인 간이과세자는 거래상대방으로부터 부가가치세를 받으면 안 된다고 한다면 영세사업자인 간이과세자에게 너무나 부당하고 가혹한 부담을 주는 것이다.

위 일반과세자 납부세액 계산에서 살펴본 바와 같이 일반과세자는 다른 사업자에게 지급한 부가가치세, 매입세액 584만 원을 공제하고 계산하여 환급세액 525만 원(584만 원 - 60만 원 + 1만 원)을 반환받고 매출세액 60만 원을 세무서에 납부하지 않아 최종적으로 585만 원을 반환받는다.

이 경우 실제로는 일반과세자는 거래상대방으로부터 받은 부가가치 60만 원을 납부세액 계산에서 미리 공제하여 세무서에 납부하지 않고 환급세액 525만 원을 반

> 환받아 최종적으로 585만 원(60만 원 + 525만 원)을 반환받는다.
> 결국 일반과세자는 본인이 다른 사업자에게 지급한 부가가치세 매입세액 584만 원 전액 반환받고 전자신고세액공제 1만 원을 더하여 585만 원을 반환받는다.

간이과세자도 일반과세자처럼 거래상대방으로부터 받은 부가가치 60만 원은 세무서에 납부하지 않지만 간이과세자는 본인의 돈으로 부가가치세 524만 원을 부담하여 국가에 귀속하게 된다.

최종적으로 간이과세자는 본인의 돈 524만 원(584만 원 - 60만 원)이 국가에 귀속되어 524만 원의 부가가치세를 부담하게 된다.

이 경우 일반과세자는 다른 사업자에게 지급한 부가가치세 584만 원은 전액 반환받고 세액공제금액 1만 원을 더하여 589만 원을 환급세액으로 반환받는다.

위 계산에서 매입세액 584만 원은 본인이 다른 사업자에게 지급한 부가가치세이고 매출세액 60만 원은 거래상대방으로부터 받은 부가가치세이다.

위 납부세액 계산에서 알 수 있듯이 일반과세자는 본인의 돈이 아닌 거래상대방으로부터 받은 60만 원을 납부하고 본인의 돈으로 다른 사업자에게 지급한 부가가치세 584만 원은 전액 다시 반환받고 여기에 더하여 전자신고세액공제 금액 1만 원을 더하여 585만 원을 받는다.

이 경우 이미 확인했듯이 간이과세자는 본인의 돈으로 다른 사업자에게 지급한 부가가치세 584만 원도 반환받지 못하고 전자신고세액공제 금액 1만 원도 받지 못한다는 것을 알 수 있다.

다만 거래상대방으로부터 받은 부가가치세 60만 원을 세무서에 납부하지 않고 본인의 소득으로 하게 되므로 최종적으로 524만 원(584만 원 - 60만 원)은 국가에 귀속되어 부가가치세로 부담하게 된다.

간이과세자가 거래상대방으로부터 부가가치세 10퍼센트를 받은 전제에서 납부세액을 계산한 결과가 위와 같음에도 간이과세자는 거래상대방으로부터 받은 부가가치세를 세무서에 납부하지 않는다면서 부가가치세를 받으면 안 된다는 주장은 영세사업자인 간이과세자에게 너무나 부당하고 가혹한 부담을 주는 것이다.

 일반과세자는 6개월 단위로 납부세액을 계산하고 신고·납부하지만 여기서는 간이과세자와 비교하기 위하여 1년 단위로 납부세액을 계산하기로 한다.

③ 1년 공급대가의 합계액 1,320만 원(창업하고 1년 후 폐업하는 경우)
(1개월 공급대가 110만 원, 공급가액 100만 원, 부가가치세 10만 원)

1년 공급대가 1,320만 원(공급가액 1,200만 원, 부가가치세 120만 원)

**매출세액: 120만 원**(10만 원 × 12개월)
**매입세액: 500만 원**(인테리어사업자에게 지급한 부가가치세)
         **168만 원**(임대사업자 등에게 지급한 부가가치세 14만 원 × 12개월)

**공급대가: 1,320만 원**(110만 원 × 12개월)
**부가가치율:** 40퍼센트
**세율:** 10퍼센트
**세금계산서등을 발급받은 세액공제: 367,400원**(275,000원 + 92,400원)

⊙ **해당 과세기간에 세금계산서등을 발급받은 재화와 용역의 공급대가에 0.5퍼센트를 곱한 금액**
275,000원(세금계산서등을 발급받은 공급대가의 세액공제 5,500만 원 × 0.5%)
92,400원(세금계산서등을 발급받은 공급대가의세액공제 154만 원 × 12개월 × 0.5%)

### 간이과세자와 일반과세자가 공통으로 적용받는 세액공제 금액
**세액공제: 171,600원**(현금영수증 발급금액 세액공제 1,320만 원 × 1.3%)
**1만 원**(전자신고에 대한 세액공제 1만 원)

### 가. 일반과세자 납부세액 계산

매출세액 120만 원 - 매입세액 668만 원 = -548만 원(환급세액) - 현금영수증 발급금액에 대한 세액공제 171,600원 - 전자신고세액공제 1만 원 = -5,661,600원 + 현금영수증 발급금액에 대한 세액공제 171,600원(세액공제취소) = -5,490,000원(차가감 환급세액)

이 경우, 일반과세자는 환급세액 5,490,000원을 세무서로부터 반환받는다.

### 나. 간이과세자 납부세액 계산

공급대가 1,320만 원 × 부가가치율 40% × 세율 10% = 528,000원(납부세액) - 매입세금계산서 등에 대한 세액공제 367,400원 - 현금영수증 발급금액에 대한 세액공제 171,600원 - 전자신고세액공제 1만 원 = -21,000원(최종 납부세액)

최종 납부세액 -21,000원은 「부가가치세법」 제63조 제6항 규정에 따라 없는 것으로 보아, 즉 0원으로 보아 반환받지 못한다.

위 계산에서 살펴본 바와 같이 납부의무 면제 간이과세자는 다른 사업자에게 지급한 부가가치세, 매입세액 668만 원을 반환받지 못하고 거래상대방으로부터 받은 부가가치세, 매출세액 120만 원은 본인의 소득으로 하여 최종적으로 간이과세자는 본인의 돈 548만 원(668만 원 - 120만 원)이 국가에 귀속되어 간이과세자는 548만 원의 부가가치세를 부담한다는 것을 알 수 있다.

일반과세자는 거래상대방으로부터 받은 부가가치세 120만 원은 세무서에 납부하고 본인이 다른 사업자에게 지급한 부가가치세 668만 원은 전액 반환받고 전자신고세액공제 1

만 원을 공제받음으로써 본인의 돈으로는 부가가치세를 전혀 납부하지 않고 오히려 1만 원을 더하여 669만 원을 반환받는다는 것을 확인할 수 있다.

**위 부가가치세 계산에서 간이과세자는 548만 원의 손해가 있고, 일반과세자는 손해가 전혀 없다.**

이 경우 간이과세자는 「부가가치세법」 제63조 제6항의 규정에 따라 환급세액 21,000원을 반환받지도 못하고 간이과세자가 다른 사업자에게 지급한 부가가치세 매입세액 668만 원도 반환받지 못하여 국가에 귀속된다.

결국 간이과세자가 거래상대방으로부터 받은 부가가치세, 매출세액 120만 원은 세무서에 납부하지 않아 간이과세자의 소득이 되지만 간이과세자는 사업자임에도 불구하고 최종적으로 소비자처럼 부가가치세 548만 원(668만 원 - 120만 원)을 부담하게 된다.

이렇게 부가가치세를 본인의 돈으로 부담하는 영세사업자인 간이과세자에게 거래상대방으로부터 부가가치세를 받으면 안 된다고 한다면 영세사업자인 간이과세자에게 너무나 부당하고 가혹한 부담을 주는 것이다.

위 일반과세자 납부세액 계산에서 살펴본 바와 같이 일반과세자는 다른 사업자에게 지급한 부가가치세 매입세액 668만 원을 공제하고 계산하여 환급세액 549만 원(668만 원 - 120만 원 + 1만 원)을 반환받는다.

이 경우 실제로는 일반과세자는 거래상대방으로부터 받은 부가가치 120만 원을 납부세액 계산에서 미리 공제받아 세무서에 납부하지 않고 환급세액 549만 원을 반환받아 최종적으로 669만 원(120만 원 + 549만 원)을 반환받는다.
결국 일반과세자는 본인이 다른 사업자에게 지급한 부가가치세 매입세액 668만 원을 반환받고 전자신고세액공제 1만 원을 더하여 669만 원을 반환받는다.

간이과세자도 일반과세자처럼 거래상대방으로부터 받은 부가가치 120만 원을 납부하지 않지만 간이과세자가 본인의 돈으로 다른 사업자에게 지급한 부가가치세 668만 원은 국가에 귀속된다.

최종적으로 간이과세자는 본인의 돈 548만 원(668만 원 - 120만 원)은 국가에 귀속되어 548만 원의 부가가치세를 부담하게 된다.

이 경우 일반과세자는 거래상대방에게 지급한 부가가치세 668만 원은 전액 반환받고 세액공제금액 1만 원을 더하여 669만 원을 반환받는다.

위 계산에서 매입세액 668만 원은 본인이 다른 사업자에게 지급한 부가가치세이고, 매출세액 120만 원은 거래상대방으로부터 받은 부가가치세이다.

여기서 알 수 있듯이 일반과세자는 본인의 돈이 아닌 거래상대방으로부터 받은 120만 원을 납부하고 본인의 돈으로 다른 사업자에게 지급한 부가가치세 668만 원은 전액 다시 반환받고 전자신고세액공제 금액 1만 원 더하여 669만 원을 받는다는 것을 알 수 있다.

이 경우 이미 확인했듯이 간이과세자는 본인의 돈으로 다른 사업자에게 지급한 부가가치세 668만 원도 반환받지 못하고 전자신고세액공제 금액 1만 원도 받지 못한다는 것을 알 수 있다.

다만, 거래상대방으로부터 받은 부가가치세 120만 원을 세무서에 납부하지 않고 본인의 소득으로 하게 되므로 최종적으로 548만 원(668만 원 - 120만 원)을 부가가치세로 부담하게 된다.

간이과세자가 거래상대방으로부터 부가가치세 10퍼센트를 받은 전제에서 납부세액을 계산한 결과가 이러함에도, 간이과세자는 거래상대방으로부터 받은 부가가치세를 세무서에 납부하지 않는다고 하면서 부가가치세를 받으면 안 된다는 주장은 영세사업자인 간이과세자에게 너무나 부당하고 가혹한 부담을 주는 것이다.

④ 1년 공급대가의 합계액 1,320만 원(창업하고 2년 차의 경우)

 **창업비용의 매입세액공제는 1년 차에 신고하고 납부하는 과정에서 이미 계산하였으므로 2년 차부터는 운영에 따른 매입세액공제만 계산한다.**

월 공급가액은 100만 원이고, 부가가치세는 10만 원이고 공급대가는 110만 원이다.
12개월 공급대가 1,320만 원(공급가액 1,200만 원 + 부가가치세 120만 원)

**매출세액:** 120만 원(10만 원 × 12개월)
**매입세액:** 168만 원(임대사업자 등에게 지급한 부가가치세 14만 원 × 12개월)

**공급대가:** 1,320만 원(110만 원 × 12개월)
**부가가치율:** 40퍼센트
**세율:** 10퍼센트
**세금계산서등을 발급받은 세액공제:** 92,400원

⊙ 해당 과세기간에 세금계산서등을 발급받은 재화와 용역의 공급대가에 0.5퍼센트를 곱한 금액
92,400원(세금계산서등을 발급받은 공급대가 세액공제 154만 원 × 12개월 × 0.5%)

 **간이과세자와 일반과세자가 공통으로 적용받는 세액공제 금액**
**세액공제: 171,600원**(현금영수증 발급금액 세액공제 1,320만 원 × 1.3%)
**1만 원**(전자신고에 대한 세액공제 1만 원)

### 가. 일반과세자 납부세액 계산

매출세액 120만 원 - 매입세액 168만 원 = -48만 원(환급세액) - 현금영수증 발급금액에 대한 세액공제 171,600원 - 전자신고세액공제 1만 원 = 납부할 세액 -661,600원 + 현금영

40. 예시로 살펴본 일반과세자와 간이과세자의 납부세액 계산 이해 **157**

수증 발급금액에 대한 세액공제 171,600원(세액공제 취소) = -490,000원(차가감 환급세액)

이 경우, 일반과세자는 환급세액 490,000원을 세무서로부터 반환받는다.

일반과세자 1년 차 + 2년 차 = 누적 환급세액 598만 원(549만 원 + 49만 원)이다.

### 나. 간이과세자 납부세액 계산

공급대가 1,320만 원 × 부가가치율 40% × 세율 10% = 528,000원(납부세액) - 매입세금계산서 등에 대한 세액공제 92,400원 - 현금영수증 발급금액에 대한 세액공제 171,600원 - 전자신고세액공제 1만 원 = 254,000원(납부세액)

납부세액 254,000원은 납부의무 면제 간이과세자이므로 납부하지 않는다.

위 계산에서 살펴본 바와 같이 납부의무 면제 간이과세자는 거래상대방으로부터 받은 매출세액 120만 원은 본인의 소득으로 하고 본인의 돈으로 부가가치세 168만 원을 납부한다는 것을 확인할 수가 있고 결국 최종적으로 간이과세자는 본인의 돈으로 48만 원(168만 원 - 120만 원)을 국가에 납부한다는 것을 알 수 있다.

간이과세자의 1년 차 + 2년 차 누적 납부세액은 596만 원(1년 차 548만 원 + 2년 차 48만 원)이다.

일반과세자는 거래상대방으로부터 받은 매출세액 120만 원은 세무서에 납부하고 본인이 다른 사업자에게 지급한 부가가치세 168만 원은 국가에 귀속하지 않고 168만 원 전액 반환받고 전자신고세액공제 1만을 공제받음으로써 본인의 돈으로는 부가가치세를 전혀 납부하지 않고 전자신고세액공제 1만 원을 더하여 169만 원을 반환받는다는 것을 확인할 수 있다.

> 이 경우 간이과세자는 「부가가치세법」 제69조 제1항의 규정에 따라 납부세액 254,000원을 납부면제를 받고 간이과세자가 다른 사업자에게 지급한 부가가치세 168만 원은 반환받지 못하고 국가에 귀속된다. 결국 간이과세자는 거래상대방으로부터 받은 부가가치세, 매출세액 120만 원은 세무서에 납부하지 않아 간이과세자의 소득이 되지만 간이과세자는 사업자임에도 불구하고 최종적으로 소비자처럼 부가가치세 48만 원(168만 원 - 120만 원)을 부담하게 된다.

이렇게 간이과세자는 본인의 돈으로 부가가치세를 부담하는데도 영세사업자인 간이과세자는 거래상대방으로부터 부가가치세를 받으면 안 된다고 한다면 영세사업자인 간이과세자에게 너무나 부당하고 가혹한 부담을 주는 것이다.

이 경우 위 일반과세자 납부세액 계산에서 살펴본 바와 같이 일반과세자는 다른 사업자에게 지급한 부가가치세 168만 원을 공제하고 계산하여 환급세액 490,000원(168만 원 - 120만 원 + 1만 원)을 반환받고 매출세액 120만 원은 세무서에 납부하지 않아 169만 원을 반환받는다.

>  이 경우 실제로는 일반과세자는 거래상대방으로부터 받은 부가가치 120만 원은 납부세액 계산에서 미리 공제받아 납부하지 않고 환급세액 490,000원을 반환받아 최종적으로 169만 원(120만 원 + 49만 원)을 반환받는다.

간이과세자도 일반과세자처럼 거래상대방으로부터 받은 부가가치 120만 원은 세무서에 납부하지 않지만 간이과세자는 본인의 돈으로 다른 사업자에게 지급한 부가가치세 168만 원 중에서 48만 원(168만 원 - 120만 원)은 반환받지 못하고 국가에 귀속된다.

이 경우 일반과세자는 다른 사업자에게 지급한 부가가치세 168만 원은 전액 반환받고 전자신고세액공제 금액 1만 원을 더하여 169만 원을 반환받는다.

위 계산에서 매입세액 168만 원은 본인이 다른 사업자에게 지급한 부가가치세이고, 매출세액 120만 원은 거래상대방으로부터 받은 부가가치세이다.

위 납부세액 계산에서 알 수 있듯이 일반과세자는 본인의 돈이 아닌 거래상대방으로부터 받은 120만 원을 납부하지 않고 490,000원을 환급세액으로 반환받고(120만 원 + 49만 원 = 169만 원) 본인의 돈으로 다른 사업자에게 지급한 부가가치세 168만 원은 전액 다시 반환받고 여기에 더하여 전자신고세액공제 금액 1만 원을 받아 169만 원을 반환받는다는 것을 알 수 있다.

이 경우 이미 확인했듯이 간이과세자는 본인의 돈으로 다른 사업자에게 지급한 부가가치세 168만 원도 반환받지 못하고 전자세액세액공제 금액 1만 원도 받지 못한다는 것을 알 수 있다.

다만, 거래상대방으로부터 받은 부가가치세 120만 원을 납부하지 않고 다른 사업자에게 지급한 부가가치세 168만 원은 반환받지 못하여 최종적으로 본인의 돈 48만 원(168만 원 - 120만 원)을 국가에 납부하게 된다.

간이과세자가 거래상대방으로부터 부가가치세 10퍼센트를 받은 것으로 전제하고 납부세액을 계산한 결과가 위와 같음에도 간이과세자는 부가가치세를 납부하지 않는다고 하면서 부가가치세를 받으면 안 된다고 하는 주장은 영세사업자인 간이과세자에게 너무나 부당하고 가혹한 부담을 주는 것이다.

⑤ 1년 공급대가의 합계액 3,960만 원(창업하고 1년 운영의 경우)
4,800만 원에 미달하여 간이과세자는 납부세액 면제 대상이다.
이 경우, 월 공급가액은 300만 원이고 부가가치세는 30만 원이다.
월 공급대가 330만 원(공급가액 300만 원 + 부가가치세 30만 원)
**1년 공급대가 합계액 3,960만 원**(330만 원 × 12개월)

매출세액: **360만 원**(30만 원 × 12개월)

매입세액: **500만 원**(인테리어사업자에게 지급한 부가가치세)

　　　　**168만 원**(임대사업자 등에게 지급한 부가가치세 14만 원 × 12개월)

**공급대가:** 3,690만 원(330만 원 × 12개월)

**부가가치율:** 40퍼센트

**세율:** 10퍼센트

**세금계산서등을 발급받은 세액공제: 367,400원**(275,000원 + 92,400원)

⊙ 해당 과세기간에 세금계산서등을 발급받은 재화와 용역의 공급대가에 0.5퍼센트를 곱한 금액

275,000원(세금계산서등을 발급받은 공급대가의 세액공제 5,500만 원 × 0.5%)

92,400원(세금계산서등을 발급받은 공급대가의 세액공제 154만 원 × 12개월 × 0.5%)

---

### 간이과세자와 일반과세자가 공통으로 적용받는 세액공제 금액

**세액공제: 514,800원**(현금영수증 발급금액 세액공제 3,960만 원 × 1.3%)

**1만 원**(전자신고에 대한 세액공제 1만 원)

---

### 가. 일반과세자 납부세액 계산

매출세액 360만 원 - 매입세액 668만 원 = -308만 원(환급세액) - 현금영수증 발급금액에 대한 세액공제 514,800원 - 전자신고세액공제 1만 원 = -2,950,737원(환급세액) + 현금영수증 발급금액에 대한 세액공제 514,800원(세액공제 취소) = -309만 원(차가감 환급세액)

이 경우, 일반과세자는 환급세액 309만 원을 세무서로부터 반환받는다.

### 나. 간이과세자 납부세액 계산

공급대가 3,960만 원 × 부가가치율 40% × 세율 10% = 1,584,000원(납부세액) - 매입세금계산서 등에 대한 세액공제 367,400원 - 현금영수증 발급금액에 대한 세액공제

514,800원 - 전자신고세액공제 1만 원 = 691,800원(최종 납부세액)

최종 납부세액 691,800원은 납부의무 면제 간이과세자이므로 납부세액은 0원이다.

위 계산에서 납부의무 면제 간이과세자는 거래상대방으로부터 받은 매출세액 360만 원은 본인의 소득으로 하고 본인의 돈으로 부가가치세 668만 원을 납부한다는 것을 확인할 수가 있다. 결국 최종적으로 간이과세자는 본인의 돈 308만 원(668만 원 - 360만 원)이 국가에 귀속된다는 것을 알 수 있다.

일반과세자는 거래상대방으로부터 받은 매출세액 360만 원은 세무서에 납부하고 본인이 다른 사업자에게 지급한 부가가치세 668만 원은 국가에 귀속하지 않고 668만 원 전액 반환받고 전자신고세액공제 1만 원을 공제받음으로써 본인의 돈으로는 부가가치세를 전혀 납부하지 않고 1만 원을 더하여 669만 원을 반환받는다는 것을 확인할 수 있다.

ⓖ 1년 공급대가의 합계액 3,960만 원(창업하고 2년 운영의 경우)

4,800만 원에 미달하여 납부세액 면제 간이과세자이다.

창업비용의 매입세액 공제는 1년 차에 신고하고 납부하는 과정에서 이미 계산하였으므로 2년 차부터는 운영에 따른 매입세액공제만 계산한다.

이 경우, 월 공급가액은 300만 원이고 부가가치세는 30만 원이다.
월 공급대가 330만 원(공급가액 300만 원 + 부가가치세 30만 원)
**1년 공급대가 합계액 3,960만 원**(330만 원 × 12개월)

**매출세액: 360만 원**(30만 원 × 12개월)
**매입세액: 168만 원**(임대사업자 등에게 지급한 부가가치세 14만 원 × 12개월)

**공급대가: 3,690만 원**(330만 원 × 12개월)

**부가가치율:** 40퍼센트

**세율:** 10퍼센트

**세금계산서등을 발급받은 세액공제:** 92,400원

◉ 해당 과세기간에 세금계산서등을 발급받은 재화와 용역의 공급대가에 0.5퍼센트를 곱한 금액

92,400원(세금계산서등을 발급받은 공급대가의 세액공제 154만 원 × 12개월 × 0.5%)

**간이과세자와 일반과세자가 공통으로 적용받는 세액공제 금액**

**세액공제: 514,800원**(현금영수증 발급금액 세액공제 3,960만 원 × 1.3%)

**1만 원**(전자신고에 대한 세액공제 1만 원)

### 가. 일반과세자 납부세액 계산

매출세액 360만 원 - 매입세액 168만 원 = 192만 원(납부세액) - 현금영수증 발급금액에 대한 세액공제 514,800원 - 전자신고세액공제 1만 원 = 1,395,200원(차가감 납부세액)

위 납부세액 계산 결과 일반과세자는 거래상대방으로부터 받은 부가가치세, 매출세액 360만 원 중에서 1,395,200원을 세무서에 납부한다. 결국 일반과세자는 거래상대방으로부터 받은 부가가치세, 매출세액 360만 원의 38.76퍼센트를 세무서에 납부한다.

일반과세자는 현금영수증 발급 금액에 대한 세액공제 514,800원과 전자신고세액공제 1만 원을 공제받아 부가가치세 계산에서 524,800원이 이익이다.

### 나. 간이과세자 납부세액 계산

공급대가 3,960만 원 × 부가가치율 40% × 세율 10% = 1,584,000원(납부세액) - 매입세금계산서 등에 대한 세액공제 92,400원 - 현금영수증 발급금액에 대한 세액공제

514,800원 - 전자신고세액공제 1만 원 = 966,800원(최종 납부세액)

최종 납부세액 966,800원은 납부의무 면제 간이과세자이므로 납부세액은 0원이다.

> 위 계산에서 납부의무 면제 간이과세자는 거래상대방으로부터 받은 매출세액 360만 원은 본인의 소득으로 하고 거래상대방에게 지급한 부가가치세 매입세액 168만 원은 국가에 귀속된다.

결국 2년 차에서는 192만 원(360만 원 - 168만 원)은 간이과세자의 소득이 되지만 1년 차에 308만 원을 반환받지 못하고 국가에 귀속되어 1년 차, 2년 차 누적금액 116만 원(308만 원 - 192만 원)은 여전히 국가에 귀속된다.

결국 1년 차에 반환받지 못한 부가가치세 308만 원에 2년 차 부가가치세 소득금액 192만 원을 계산하면 최종적으로 간이과세자는 본인의 돈 116만 원(308만 원 - 192만 원)이 국가에 귀속된다는 것을 알 수 있다.

1년 차, 2년 차 납부세액 계산에서 알 수 있듯이 일반과세자는 부가가치세 계산에서 전혀 손해가 없고 오히려 이익이다. 그러나 간이과세자는 여전히 116만 원의 손해를 보고 있다.

⑦ 1년 공급대가의 합계액 47,995,200원(창업하고 1년 운영의 경우)

4,800만 원에 미달하여 간이과세자는 납부세액 면제 대상이다.
이 경우, 월 공급가액은 3,636,000원이고 부가가치세는 363,600원이다.
월 공급대가 3,999,600원(공급가액 3,636,000원 + 부가가치세 363,600원)
**1년 공급대가 합계액 47,995,200원**(3,999,600원 × 12개월)

매출세액: 4,363,200원(363,600원 × 12개월)
매입세액: 500만 원(인테리어사업자에게 지급한 부가가치세)
　　　　　168만 원(임대사업자 등에게 지급한 부가가치세(14만 원 × 12개월)

공급대가: 47,995,200원(3,999,600원 × 12개월)

부가가치율: 40퍼센트

세율: 10퍼센트

세금계산서등을 발급받은 세액공제: 367,400원(275,000원 + 92,400원)

 해당 과세기간에 세금계산서등을 발급받은 재화와 용역의 공급대가에 0.5퍼센트를 곱한 금액

275,000원(세금계산서등을 발급받은 공급대가의 세액공제 5,500만 원 × 0.5%)

92,400원(세금계산서등을 발급받은 공급대가의 세액공제 154만 원 × 12개월 × 0.5%)

> **간이과세자와 일반과세자가 공통으로 적용받는 세액공제 금액**
>
> **세액공제: 623,937원**(현금영수증 발급금액 세액공제 47,995,200원 × 1.3%)
>
> **1만 원**(전자신고에 대한 세액공제 1만 원)

### 가. 일반과세자 납부세액 계산

매출세액 4,363,200원 - 매입세액 668만 원 = -2,316,800원(환급세액) - 현금영수증 발급금액에 대한 세액공제 623,937원 - 전자신고세액공제 1만 원 = -2,950,737원(환급세액) + 현금영수증 발급금액에 대한 세액공제 623,937원(세액공제 취소) = -2,326,800원(차가감 환급세액)

이 경우, 일반과세자는 환급세액 2,326,800원을 세무서로부터 반환받는다.

### 나. 간이과세자 납부세액 계산

공급대가 47,995,200원 × 부가가치율 40% × 세율 10% = 1,919,808원(납부세액) - 매입세금계산서 등에 대한 세액공제 367,400원 - 현금영수증 발급금액에 대한 세액공제 623,937원 - 전자신고세액공제 1만 원 = 918,471원(최종 납부세액)

최종 납부세액 918,471원은 납부의무 면제 간이과세자이므로 납부세액은 0원이다.

 위 계산에서 납부의무 면제 간이과세자는 거래상대방으로부터 받은 매출세액 4,363,200원은 본인의 소득으로 하고 본인의 돈으로 부가가치세 668만 원을 납부한다는 것을 확인할 수가 있다. 결국 최종적으로 간이과세자는 본인의 돈 2,316,800원(668만 원 - 4,363,200원)이 국가에 귀속된다는 것을 알 수 있다.

일반과세자는 거래상대방으로부터 받은 매출세액 4,363,200원은 세무서에 납부하고 본인이 다른 사업자에게 지급한 부가가치세 668만 원은 국가에 귀속되지 않고 668만 원 전액 반환받고 전자신고세액공제 1만 원을 공제받음으로써 본인의 돈으로는 부가가치세를 전혀 납부하지 않고 1만 원을 더하여 669만 원을 반환받는다는 것을 확인할 수 있다.

이 경우 간이과세자는 「부가가치세법」 제69조 제1항의 규정에 따라 납부세액 918,471원을 납부면제를 받고 간이과세자가 다른 사업자에게 지급한 부가가치세 668만 원은 반환받지 못하고 국가에 귀속된다. 결국 간이과세자가 거래상대방으로부터 받은 부가가치세, 매출세액 4,363,200원은 세무서에 납부하지 않아 간이과세자의 소득이 되지만 간이과세자는 사업자임에도 불구하고 최종적으로 소비자처럼 부가가치세 2,316,800원(668만 원 - 4,363,200만 원)을 부담하게 된다.

이렇게 간이과세자는 본인의 돈으로 부가가치세를 부담하는데도 영세사업자인 간이과세자는 거래상대방으로부터 부가가치세를 받으면 안 된다고 한다면 영세사업자인 간이과세자에게 너무나 부당하고 가혹한 부담을 주는 것이다.

이 경우 일반과세자 납부세액 계산에서 일반과세자는 다른 사업자에게 지급한 부가가치세 668만 원을 공제받고 계산하여 환급세액 2,326,800원(668만 원 - 4,363,200원 + 1만 원)을 반환받는다.

> 이 경우 실제로는 일반과세자는 거래상대방으로부터 받은 부가가치 4,363,200원을 납부세액 계산에서 미리 공제하여 세무서에 납부하지 않고 환급세액 2,326,800원을 반환받아 다른 사업자에게 지급한 부가가치세 668만 원에 전자신고세액공제 1만 원을 더하여 669만 원(4,363,200원 + 2,326,800원)을 반환받는다.

간이과세자도 거래상대방으로부터 받은 부가가치세 4,363,200원을 세무서에 납부하지 않지만 다른 사업자에게 지급한 부가가치세 668만 원을 반환받지 못하여 간이과세자는 본인의 돈으로 부가가치세 2,316,800원(668만 원 - 4,363,200원)을 부담하여 국가에 귀속되게 된다.

이 경우 일반과세자는 다른 사업자에게 지급한 부가가치세 668만 원은 전액 반환받고 세액공제금액 1만 원을 더하여 669만 원을 반환받는다.

위 계산에서 매입세액 668만 원은 본인이 다른 사업자에게 지급한 부가가치세이고, 매출세액 4,363,200원은 거래상대방으로부터 받은 부가가치세이다.

위 납부세액 계산에서 알 수 있듯이 일반과세자는 본인의 돈이 아닌 거래상대방으로부터 받은 4,363,200원을 납부하지 않고 2,326,800원을 환급세액으로 전액 다시 반환받고 전자신고세액공제 금액 1만 원을 받아 669만 원(4,363,200 + 2,326,800원)을 반환받는다는 것을 알 수 있다.

이 경우 이미 확인했듯이 간이과세자는 본인의 돈으로 다른 사업자에게 지급한 부가가치세 668만 원도 반환받지 못하고 전자신고세액공제 금액 1만 원도 받지 못한다는 것을 알 수 있다.

다만, 거래상대방으로부터 받은 부가가치세 4,363,200원을 납부하지 않고 다른 사업자에게 지급한 부가가치세 668만 원은 반환받지 못하고 최종적으로 본인의 돈 2,316,800원

(668만 원 - 4,363,200원)은 국가에 귀속된다.

간이과세자는 거래상대방으로부터 부가가치세 10퍼센트를 받은 전제에서 납부세액을 계산한 결과가 위와 같음에도 간이과세자는 거래상대방으로부터 받은 부가가치세를 세무서에 납부하지 않는다면서 부가가치세를 받으면 안 된다는 주장은 영세사업자인 간이과세자에게 너무나 부당하고 가혹한 부담을 준다.

### (2) 1년 공급대가 합계액이 4,800만 원 이상이고 1억 400만 원에 미달하는 경우

예를 들어 어떤 사람이 창업을 하면서 인테리어 공사비용으로 인테리어사업자에게 9천9백만 원을 지급하였다.

이 경우 인테리어사업자가 창업자에게 공급한 인테리어 공사의 공급가액은 9천만 원이고 인테리어사업자가 받은 부가가치세는 9백만 원이다.

즉, 공급대가 9,900만 원 = 공급가액 9,000만 원 + 부가가치세 900만 원

이 경우 창업을 하면서 창업자가 인테리어사업자에게 지급한 부가가치세는 9백만 원이다.

즉, 창업자의 매입세액은 9백만 원이다.

이 경우 창업자가 인테리어사업자에게 지급한 매입세금계산서 등에 대한 세액공제 금액은 인테리어사업자로부터 발급받은 공급대가 9천9백만 원 × 0.5% = 495,000원이다.

### ⊙ 사업장 월 운영비용

임대료 220만 원(공급가액 200만 원 + 부가가치세 20만 원)

전기요금 22만 원(공급가액 20만 원 + 부가가치세 2만 원)

통신요금 22만 원(공급가액 20만 원 + 부가가치세 2만 원)

광고비용 22만 원(공급가액 20만 원 + 부가가치세 2만 원)

경비비용 22만 원(공급가액 20만 원 + 부가가치세 2만 원)

창업자가 인테리어 비용 등으로 인테리어사업자에게 9천9백만 원을 지급하고, 사업장을 운영하기 위하여 임대보증금 2천만 원, 월 임대료 220만 원에 임차하고 사무실을 운영하면서 사용하는 전기요금 월 22만 원, 통신요금 월 22만 원, 광고비용 22만 원, 경비용역비용 22만 원을 임대사업자 등 다른 사업자에게 지급한다.

이 경우, 창업자가 사무실 운영비용으로 1개월 동안 임대사업자 등 다른 사업자에게 지급한 합계금액은 308만 원이다.(공급가액 280만 원 + 부가가치세 28만 원)

 이 경우, 창업자가 임대사업자 등 다른 사업자에게 지급한 매입세금계산서 등에 대한 세액공제 금액은 임대사업자 등 다른 사업자로부터 발급받은 전체 공급대가 308만 원 × 0.5% = 15,400원이다.

**매입세액: 900만 원**(인테리어사업자에게 지급한 부가가치세 500만 원)
**28만 원**(임대사업자 등에게 지급한 1개월 부가가치세 28만 원)

⊙ **해당 과세기간에 세금계산서등을 발급받은 재화와 용역의 공급대가에 0.5퍼센트를 곱한 금액**

**495,000원**(세금계산서등을 발급받은 공급대가의 세액공제 9,900만 원 × 0.5%)
**15,400원**(세금계산서등을 발급받은 공급대가의 세액공제 308만 원 × 0.5%)

① 1년 공급대가의 합계액 48,000,084원(창업하고 1년 운영의 경우)
4,800만 원 이상으로 납부의무 면제 간이과세자가 아니다.

월 공급대가 4,000,007원(공급가액 3,636,370원 + 부가가치세 363,637원)
1년 공급대가의 합계액 48,000,084원(4,000,007원 × 12개월)

**매출세액: 4,363,644원**(363,637만 원 × 12개월)

매입세액: 900만 원(인테리어사업자에게 지급한 부가가치세)

336만 원(임대사업자 등에게 지급한 부가가치세 28만 원 × 12개월)

공급대가: 48,000,084원(4,000,007원 × 12개월)
부가가치율: 40퍼센트
세율: 10퍼센트
세금계산서등을 발급받은 세액공제: 679,800원(495,000원 + 184,800원)

 해당 과세기간에 세금계산서등을 발급받은 재화와 용역의 공급대가에 0.5퍼센트를 곱한 금액

495,000원(세금계산서등을 발급받은 공급대가의 세액공제 9,900만 원 × 0.5%)
184,800원(세금계산서등을 발급받은 공급대가 세액공제 308만 원 × 12개월 × 0.5%)

**간이과세자와 일반과세자가 공통으로 적용받는 세액공제 금액**

세액공제: 624,001원(현금영수증 발급금액 세액공제 48,000,084원 × 1.3%)

1만 원(전자신고에 대한 세액공제 1만 원)

### 가. 일반과세자 납부세액 계산

매출세액 4,363,644원 - 매입세액 1,236만 원 = -7,996,356원(환급세액) - 현금영수증 발급금액에 대한 세액공제 624,001원 - 전자신고세액공제 1만 원 = -8,630,357원(환급세액) + 현금영수증 발급금액에 대한 세액공제 624,001원(세액공제 취소) = -8,006,356원(차가감 환급세액)

이 경우, 일반과세자는 환급세액 8,006,356원을 세무서로부터 반환받는다.

### 나. 간이과세자 납부세액 계산

공급대가 48,000,084원 × 부가가치율 40% × 세율 10% = 1,920,003원(납부세액) -

세금계산서등을 발급받은 공급대가의 세액공제 679,800원 - 현금영수증 발급금액에 대한 세액공제 624,001원 - 전자신고세액공제 1만 원 = 606,202원(최종 납부세액)

최종 납부세액 606,202원은 납부의무 면제 간이과세자가 아니므로 납부해야 한다.

> 위 계산에서 간이과세자는 거래상대방으로부터 받은 매출세액 4,363,644원은 자신의 소득으로 하고 본인의 돈으로 다른 사업자에게 지급한 부가가치세 1,236만 원은 반환받지 못하고 국가에 귀속되어 납부한다는 것을 확인할 수가 있고 또 606,202원을 납부세액으로 납부한다.

결국 간이과세자는 본인의 돈으로 8,602,558원(1,236만 원 + 606,202원 - 4,363,644원)이 국가에 귀속되어 간이과세자는 본인의 돈으로 8,602,558원을 부가가치세로 부담한다.

일반과세자는 거래상대방으로부터 받은 매출세액 4,363,644원은 세무서에 납부하고 본인이 다른 사업자에게 지급한 부가가치세 1,236만 원은 국가에 귀속하지 않고 1,236만 원 전액 반환받고 전자신고세액공제 1만을 공제받음으로써 자신의 돈으로는 부가가치세를 전혀 납부하지 않고 1236만 원에 전자신고세액공제 1만 원을 더하여 1,237만 원을 반환받는다는 것을 확인할 수 있다.

**이 경우, 간이과세자는 본인의 돈 8,602,558원을 부가가치세로 부담하여 손해가 크지만, 일반과세자는 본인의 돈으로는 부가가치세를 전혀 부담하지 않아 손해가 전혀 없다.**

② 1년 공급대가의 합계액 6,600만 원(창업하고 1년 차 운영의 경우)

월 공급대가 550만 원(공급가액 500만 원 + 부가가치세 50만 원)

**1년 공급대가의 합계액 6,600만 원**(550만 원 × 12개월)

**매출세액: 600만 원**(50만 원 × 12개월)

매입세액: **900만 원**(인테리어사업자에게 지급한 부가가치세)

**336만 원**(임대사업자 등에게 지급한 부가가치세 28만 원 × 12월)

**공급대가: 6,600만 원**(550만 원 × 12개월)
**부가가치율:** 40퍼센트
**세율:** 10퍼센트
**세금계산서등을 발급받은 세액공제: 679,800원**(495,000원 + 184,800원)

 해당 과세기간에 세금계산서등을 발급받은 재화와 용역의 공급대가에 0.5퍼센트를 곱한 금액

495,000원(세금계산서등을 발급받은 공급대가의 세액공제(9,900만 원 × 0.5%)
184,800원(세금계산서등을 발급받은 공급대가 세액공제 308만 원 × 12개월 × 0.5%)

### 간이과세자와 일반과세자가 공통으로 적용받는 세액공제 금액
**세액공제: 858,000원**(현금영수증 발급금액 세액공제 6,600만 원 × 1.3%)
**1만 원**(전자신고에 대한 세액공제 1만 원)

### 가. 일반과세자 납부세액 계산

매출세액 600만 원 - 매입세액 1,236만 원 = -636만 원(환급세액) - 현금영수증 발급금액에 대한 세액공제 858,000원 - 전자신고세액공제 1만 원 = -7,228,000원(환급세액) + 현금영수증 발급금액에 대한 세액공제 858,000원(세액공제취소) = -637만 원(차가감 환급세액)

이 경우, 일반과세자는 환급세액 637만 원을 세무서로부터 반환받는다.

### 나. 간이과세자 납부세액 계산

공급대가 6,600만 원 × 부가가치율 40% × 세율 10% = 264만 원(납부세액) - 세금계

산서등을 발급받은 공급대가의 세액공제 679,800원 - 현금영수증 발급금액에 대한 세액공제 858,000원 - 전자신고세액공제 1만 원 = 1,002,200원(최종 납부세액)

최종 납부세액 1,002,200원은 납부의무 면제 대상 간이과세자가 아니므로 납부해야 한다.

위 계산에서 간이과세자는 거래상대방으로부터 받은 매출세액 600만 원은 자신의 소득으로 하고 본인의 돈으로 다른 사업자에게 지급한 부가가치세 1,236만 원은 반환받지 못하고 국가에 귀속되고 또 납부세액 1,002,200원을 세무서에 납부한다.

결국 간이과세자는 본인의 돈으로 다른 사업자에게 지급한 부가가치세 7,362,200원(1,236만 원 + 1,002,200원 - 600만 원)은 국가에 귀속되어 간이과세자는 본인의 돈으로 7,362,200원을 부가가치세로 부담한다.

일반과세자는 거래상대방으로부터 받은 매출세액 600만 원은 세무서에 납부하고 본인이 다른 사업자에게 지급한 부가가치세 1,236만 원은 국가에 귀속되지 않고 1,236만 원 전액 반환받고 전자신고세액공제 1만을 공제받음으로써 본인의 돈으로는 부가가치세를 전혀 납부하지 않고 전자신고세액 1만 원을 더하여 1,237만 원을 반환받는다는 것을 확인할 수 있다.

이 경우 간이과세자는 본인의 돈 7,362,200원을 부가가치세로 부담하여 손해가 크지만, 일반과세자는 본인의 돈으로는 부가가치세를 전혀 부담하지 않아 손해가 전혀 없다.

③ 1년 공급대가의 합계액 103,999,896원(창업하고 1년 운영의 경우)

1년 공급대가의 합계액이 1억 400만 원에 미달하는 금액이다.

월 공급대가 8,666,658원(공급가액 7,878,780원 + 부가가치세 787,878원)
1년 공급대가의 합계액 103,999,896원(8,666,658원 × 12개월)

**매출세액:** 9,454,536원(787,878원 × 12개월)

**매입세액:** 900만 원(인테리어사업자에게 지급한 부가가치세)

　　　　　336만 원(임대사업자 등에게 지급한 부가가치세(28만 원 × 12개월)


**공급대가:** 103,999,896원(8,666,658원 × 12개월)

**부가가치율:** 40퍼센트

**세율:** 10퍼센트

**세금계산서등을 발급받은 세액공제:** 679,800원(495,000원 + 184,800원)

◉ 해당 과세기간에 세금계산서등을 발급받은 재화와 용역의 공급대가에 0.5퍼센트를 곱한 금액

495,000원(세금계산서등을 발급받은 공급대가의 세액공제 9,900만 원 × 0.5%)

184,800원(세금계산서등을 발급받은 공급대가의 세액공제(308만 원 × 12월 × 0.5%)

▌**간이과세자와 일반과세자가 공통으로 적용받는 세액공제 금액**

**세액공제:** 1,351,998원(현금영수증 발급금액 세액공제 103,999,896원 × 1.3%)

**1만 원**(전자신고에 대한 세액공제 1만 원)

 **가. 일반과세자 납부세액 계산**

매출세액 9,454,536원 - 매입세액 1,236만 원 = -2,905,464원(환급세액) - 현금영수증 발급금액에 대한 세액공제 1,351,998원 - 전자신고세액공제 1만 원 = -4,267,462원(환급세액) + 현금영수증 발급금액에 대한 세액공제 1,351,998원(세액공제 취소) = -2,915,464원(차가감 환급세액)

이 경우, 일반과세자는 환급세액 2,915,464원을 세무서로부터 반환받는다.

## 나. 간이과세자 납부세액 계산

공급대가 103,999,896원 × 부가가치율 40% × 세율 10% = 4,159,995원(납부세액) - 세금계산서등을 발급받은 공급대가의 세액공제 679,800원 - 현금영수증 발급금액에 대한 세액공제 1,351,998원 - 전자신고세액공제 1만 원 = 2,118,197원(최종 납부세액)

최종 납부세액 2,118,197원은 납부의무 면제 간이과세자가 아니므로 납부해야 한다.

> 위 납부세액 계산에서 간이과세자는 거래상대방으로부터 받은 매출세액 9,454,536원은 본인의 소득으로 하고 본인의 돈으로 다른 사업자에게 지급한 부가가치세 1,236만 원은 반환받지 못하고 국가에 귀속되고 또 최종 납부세액 2,118,197원을 세무서에 납부한다.

결국 간이과세자는 본인의 돈으로 다른 사업자에게 지급한 부가가치세 5,023,661원 (1,236만 원 + 2,118,197원 - 9,454,536원)이 국가에 귀속되어 간이과세자는 본인의 돈으로 5,023,661원을 부가가치세로 부담한다.

일반과세자는 거래상대방으로부터 받은 매출세액 9,454,536원은 세무서에 납부하고 본인이 다른 사업자에게 지급한 부가가치세 1,236만 원은 국가에 귀속되지 않고 1,236만 원 전액 반환받고 더하여 전자신고세액공제 1만 원을 공제받음으로써 본인의 돈으로는 부가가치세를 전혀 납부하지 않고 1만 원을 더하여 1,237만 원을 반환받는다는 것을 확인할 수 있다.

> 이 경우, 간이과세자는 본인의 돈 5,023,661원을 부가가치세로 부담하여 손해가 크지만, 일반과세자는 본인의 돈으로는 부가가치세를 전혀 부담하지 않아 손해가 전혀 없다.

이상으로 여러 가지 경우를 가정하여 일반과세자와 간이과세자의 납부세액 계산 방법과 납부세액 계산 결과를 확인해 보았다.

위 여러 가지 납부세액 계산에서 알 수 있듯이 최초 창업 당시 인테리어, 간판 등 창업비용에 따라 다른 사업자에게 지급한 부가가치세, 매입세액과 임대료, 전기요금 등 운영에 따라 다른 사업자에게 지급한 부가가치세, 매입세액은 일반과세자는 최초 부가가치세 신고하는 때 부가가치세 납부세액 계산에서 공제받고 환급세액이 있는 경우 세무서로부터 반환받는다.

그러나 위 여러 가지 납부세액 계산에서 알 수 있듯이 최초 창업 당시 인테리어, 간판 등 창업비용에 따라 다른 사업자에게 지급한 부가가치세, 매입세액과 임대료, 전기요금 등 운영에 따라 다른 사업자에게 지급한 부가가치세, 매입세액은 간이과세자는 반환받지 못한다. 다만, 거래상대방으로부터 받은 부가가치세, 매출세액은 세무서에 납부하지 않고 간이과세자 소득으로 한다.

간이과세자는 거래상대방으로부터 받은 부가가치세, 매출세액은 세무서에 납부하지 않고 간이과세자 소득으로 한다고 하여도 1년 공급대가의 합계액이 1천만 원, 2천만 원, 3천만 원 등으로 1년 공급대가의 합계액이 적을수록 6개월, 1년, 2년, 3년 등 단기간에 폐업하는 경우가 많아 초기 창업 당시에 다른 사업자에게 지급한 부가가치세, 매입세액은 거래상대방으로부터 받은 부가가치세, 매출세액으로 충당하여 회복하기 어렵다는 것을 알 수 있다.

결국 공급대가의 합계액이 적어 단기간에 폐업하는 간이과세자는 부가가치세 계산에서 손해를 보고 폐업한다.

간이과세자는 「부가가치세법」 제31조(거래징수) 규정에 따라 당연히 거래상대방으로부터 부가가치세 10퍼센트를 받아야 한다.

다만, 간이과세자는 사업자로서 「부가가치세법」 제31조(거래징수) 규정에 따라 거래상대방으로부터 받은 부가가치세는 제4장 제37조 납부세액 계산 규정이 있음에도 불구하고

「부가가치세법」 제63조(간이과세자의 과세표준과 세액) 규정을 적용받아 단순하고 간편하게 납부세액을 계산하고 4,800만 원에 미달하는 경우 납부의무 면제를 받을 수 있는 등 간이과세자는 사업자로서 간편한 절차로 부가가치세를 신고·납부하는 개인사업자를 말한다.

# 41. 결론

위에서 살펴본 바와 같이 간이과세자는 일반과세자와 마찬가지로「부가가치세법」제31조(거래징수) 규정을 적용받고 거래상대방으로부터 부가가치세 10퍼센트를 받아야 한다는 것을 알 수 있다.

다만,「부가가치세법」제31조(거래징수) 규정에 따라 거래상대방으로부터 받은 부가가치세에 대하여 일반과세자는「부가가치세법」제37조(납부세액 등의 계산) 규정에 따라 납부세액을 계산하고 간이과세자는「부가가치세법」제63조(간이과세자의 과세표준과 세액) 규정에 따라 납부세액을 계산한다. 즉 납부세액 계산 방법이 다를 뿐 일반과세자와 간이과세자는「부가가치세법」제31조(거래징수) 규정에 따라 거래상대방으로부터 부가가치세를 받아야 하는 내용은 똑같다.

또한「부가가치세법」제31조(거래징수) 규정에 따라 부가가치세를 거래징수하고 발급하는 세금계산서 또는 영수증에 부가가치세를 별도로 표시하는 방법과 부가가치세를 포함하여 표시하는 방법이 있는데 부가가치세를 표시하는 방법이 다를 뿐 일반과세자와 간이과세자는「부가가치세법」제31조(거래징수) 규정에 따라 거래상대방으로부터 부가가치세를 받아야 하는 내용은 똑같다.

따라서「부가가치세법」제31조(거래징수) 규정에 따라 부가가치세를 거래징수하는 일반과세자와 간이과세자는 납부세액 계산 방법과 관계없이 거래상대방으로부터 부가가치세 10퍼센트를 받아야 하고 부가가치세를 표시하는 방법과 관계없이 거래상대방으로부터 부가가치세 10퍼센트를 받아야 한다.

부디 이 글의 내용이 간이과세자 등 자영업을 하시는 사업자 여러분에게 많은 도움이 되기를 바랍니다.

감사합니다.

2025년 7월 7일
저자 박경윤

※ 본 글의 저작권 및 판권(판매권)은 박경윤에게 있습니다.
위 법령의 출처: 국가법령정보센터

## 간이과세자의 부가가치세 이해

**1판 1쇄 발행** 2025년 08월 20일

**지은이** 박경윤

**교정** 주현강　**편집** 김다인　**마케팅·지원** 이창민

**펴낸곳** (주)하움출판사　**펴낸이** 문현광

**이메일** haum1000@naver.com　**홈페이지** haum.kr
**블로그** blog.naver.com/haum1000　**인스타그램** @haum1007

**ISBN** 979-11-7374-143-2(03320)

좋은 책을 만들겠습니다.
하움출판사는 독자 여러분의 의견에 항상 귀 기울이고 있습니다.
파본은 구입처에서 교환해 드립니다.

이 책은 저작권법에 따라 보호받는 저작물이므로 무단전재와 무단복제를 금지하며,
이 책 내용의 전부 또는 일부를 이용하려면 반드시 저작권자의 서면동의를 받아야 합니다.